L’homme qui n’existait pas

Titre original :
THE MAN WHO NEVER WAS

Première publication aux États-Unis par Lippincott, 1954

Traduit de l'anglais (Grande-Bretagne) par Arlette Rosenblum

44, quai Henri IV – 75004 Paris
ISBN : 978-2-38094-417-4
Dépôt légal : juin 2023

Imprimé en France par CPI Bussière
N° d'impression : 2072007

L'homme qui n'existait pas

Ewen Montagu

Chronos

PRÉFACE

Ewen Montagu et l'opération *Chair à Pâté*

Pour les Britanniques, l'affaire semble entendue : *Mincemeat*, ou *Chair à Pâté*, est une des plus formidables opérations d'intoxication de la Seconde Guerre mondiale, peut-être même de l'Histoire. Elle fait figure de « cas d'école ». À quelques omissions près (sur lesquelles nous reviendrons), le témoignage qu'en donne Ewen Montagu offre toujours une des meilleures introductions qui soient et reste un « classique » du Renseignement.

Tromper l'ennemi en temps de guerre, c'est le sujet d'un mémo signé en 1939 par l'amiral John Godfrey, directeur du renseignement naval britannique, et curieusement baptisé « mémo de la truite », en référence à la pêche à la ligne dont l'amiral était friand. Soit dit en passant, il n'est pas anodin que la véritable « plume » à l'origine de ce texte soit celle de son adjoint de l'époque, un certain… Ian Fleming. Le romanesque s'insinue partout dans cette histoire. On trouve d'ailleurs bien d'autres romanciers dans l'équipe d'espions britanniques qui a produit cette opération.

Daté de septembre 1939, ledit « mémo de la truite » recensait cinquante et une idées, des plus sérieuses aux plus farfelues, pour tromper l'ennemi en temps de guerre. Idée n° 28 : « Un cadavre vêtu d'un uniforme d'aviateur, dont les poches contiendraient des dépêches, serait largué sur la côte, comme si son parachute ne s'était pas ouvert. Je suppose qu'il n'est pas difficile de se procurer des cadavres à l'hôpital de la Royal Navy, mais évidemment le corps devrait être frais. »

Ceux qui écrivent des Mémoires restent souvent plus célèbres que ceux qui les ont côtoyés. Le principal comparse de Montagu pour organiser l'opération *Mincemeat* n'échappe pas à la règle : le capitaine Charles Cholmondeley (prononcer « Chumly »), de la Royal Air Force, était alors détaché au MI5, le service de sécurité intérieure britannique. Il avait en charge le secrétariat du Comité XX (« Twenty Committee », parfois appelé « Double Cross » : jeu de mots typiquement « british » puisque *cross* désigne aussi bien la croix du « X » que la tromperie). De fait, les opérations d'intoxication étaient l'objet de ce comité interservices, chargé de superviser les agents doubles, employés par les services allemands mais « retournés » par les Britanniques. Chaque semaine, il fallait décider quelles informations transmettre à l'ennemi par leur intermédiaire. C'est Cholmondeley – ici appelé « George » par Montagu – qui eut l'idée d'un macabre cheval de Troie. Malgré quelques doutes sur la faisabilité, le comité décida d'étudier le projet. Le représentant du renseignement naval au sein du comité n'était autre que le capitaine de corvette Montagu : c'est pourquoi les deux hommes se mirent au travail aussitôt.

Ewen Montagu était aussi minutieux, travailleur et organisé que Cholmondeley était imaginatif et maladroit. Montagu descendait d'une lignée de banquiers juifs et avait vécu jusqu'à la guerre dans le plus grand confort matériel. La demeure familiale, au cœur de Kensington, était un véritable palais. Ewen avait deux frères dont le plus jeune, Ivor, était un pionnier du tennis de table et un fervent communiste, ce qui le faisait considérer comme l'excentrique de la famille. Les deux frères avaient étudié à Cambridge, où ils se distinguèrent surtout par la fondation d'un club de dégustation de fromages. Ewen se maria en 1923 avec une jeune fille de bonne famille, Iris, rencontrée pendant ses études, et devint avocat. Ils eurent deux enfants et vécurent une existence dorée dans l'entre-deux-guerres. Pendant ce temps, Ivor devint producteur de cinéma (il produisit notamment cinq films britanniques d'Alfred Hitchcock), tourna plusieurs documentaires militants pendant la guerre d'Espagne et se vit couper les vivres par sa famille pour cause de marxisme. Ewen, pour sa part, devenait un avocat réputé, tenace, perspicace et agile d'esprit. En 1939, il fut nommé avocat de la Couronne. Lorsque la guerre éclata, il fut mobilisé comme lieutenant de vaisseau, envoya sa famille aux États-Unis et fut rapidement repéré par l'amiral Godfrey, patron du renseignement de la Navy.

L'équipe constituée par l'amiral était des plus éclectiques : on y trouvait un professeur d'Oxford, un agent d'assurances, un avocat, un collectionneur de livres et une équipe de secrétaires. Ce petit monde s'entassait dans une salle bondée et enfumée de l'Amirauté, où tous les renseignements relatifs à la marine arrivaient à flot continu. Vite promu représentant du service auprès des autres organismes de renseignement, Montagu disposa bientôt de sa propre équipe et d'une salle en sous-sol. On y analysait notamment le décryptage des communications « Ultra » par les cryptanalystes de Bletchley Park grâce au percement du code Enigma – une opération conjointe des services français, polonais et britanniques[1]. Montagu ne s'étend pas sur la question dans ses Mémoires, parus en 1953, car, à l'époque, toute l'affaire Enigma était encore un secret bien gardé.

Montagu prit encore plus de responsabilités quand Godfrey le chargea de superviser toute la désinformation navale par les agents doubles. Grâce aux interceptions de messages « Ultra », les services secrets britanniques avaient pu arrêter tous les agents allemands sur leur territoire. Une fois arrêtés, ils avaient le choix entre moisir en prison ou rester libres et transmettre en Allemagne tout ce qu'on leur demanderait. Ce système « Double Cross »

1. Cf. Dermot Turing, *Enigma, la véritable histoire*, Nouveau Monde éditions, 2018.

fut très utile pour intoxiquer Hitler en de nombreuses occasions.

En janvier 1943, pendant la conférence de Casablanca, Churchill et Roosevelt se mirent d'accord pour décider de leur prochaine offensive, après le succès du débarquement en Afrique du Nord (opération *Torch*). Pour quiconque savait lire une carte géographique, la Sicile, proche des côtes tunisiennes, était un choix logique pour attaquer le « ventre mou de l'Axe », selon l'expression chère à Churchill. C'était un prélude logique à la conquête de l'Italie. Va pour la Sicile, donc... Mais il ne fallait pas compter sur l'effet de surprise, car les Allemands voyaient tout autant l'intérêt de cet objectif. À moins de pouvoir les convaincre que la véritable offensive alliée se situerait ailleurs en Méditerranée.

Dès son retour de Casablanca, Churchill donna ordre à ses services de monter un plan d'intoxication destiné à provoquer le gaspillage des ressources militaires allemandes. Au sein de l'équipe du Premier ministre, le lieutenant-colonel Bevan était en charge de la *London Controlling Section* qui avait pour tâche de concevoir et de coordonner les efforts des différents services en matière de désinformation. Il imagina l'histoire suivante : la 12e armée britannique (qui n'existait pas) devait envahir les Balkans à l'été 1943, via la Grèce, pour marcher sur la Bulgarie et la Roumanie (riches en matières premières indispensables aux forces de l'Axe), afin de faire jonction avec l'Armée rouge. Les agents doubles furent donc mobilisés pour rapporter des mouvements de troupes fantômes, des recrutements de traducteurs grecs, l'achat de devises grecques, etc. Et de leur côté, Cholmondeley et Montagu reçurent un feu vert pour mettre en œuvre leur plan et se mettre à chercher un cadavre bien frais… Ils allaient découvrir que, même en temps de guerre, ce n'est pas si facile que cela. Dans son texte, Montagu ne livre pas tous les détails de cet aspect de l'opération : d'une part pour éviter de choquer le public, d'autre part pour prévenir tout problème juridique avec la famille du défunt dont on n'avait évidemment pas demandé l'autorisation (même si Montagu dira le contraire) !

Autre mensonge diplomatique : Ewen évite soigneusement de mentionner que son frère Ivor était sous surveillance du MI5, à l'époque des faits qu'il relate, car il avait fini par être recruté par le renseignement militaire soviétique. Certes, la Grande-Bretagne et l'URSS étaient alliées contre l'Allemagne en 1943, mais la situation était potentiellement des plus gênantes, du fait des responsabilités croissantes endossées par Ewen. Il ne semble pas qu'il ait jamais commis d'indiscrétion vis-à-vis de son frère, dont les options politiques étaient du reste fort transparentes.

Nous n'allons pas déflorer ici les multiples rebondissements de l'histoire telle que Montagu la raconte. L'histoire a été célébrée après guerre comme un immense succès, une réussite totale. Pourtant, à bien y regarder, si elle est le résultat d'un travail acharné et souvent très créatif, bien des failles subsistaient qui auraient pu s'avérer fatales. Montagu ne les évoque pas. Trop de paramètres n'étaient pas totalement maîtrisables : l'arrivée du corps en « bon » état de décomposition, au bon endroit, sa découverte rapide, sa transmission à des officiels espagnols favorables à l'Allemagne[1], l'authentification des documents, leur interprétation, leur réception à Berlin par les services nazis, puis par Hitler lui-même… on en oublie. Un des plus grands mystères de cette affaire reste l'analyse très favorable des documents que fit le renseignement militaire allemand (le *Fremde Heere West*), dirigé par le lieutenant-colonel Alexis von Roenne, un aristocrate très estimé par Hitler. Selon son analyse, « les circonstances de la découverte, ainsi que la forme et le contenu des dépêches, sont des preuves absolument convaincantes de la fiabilité des lettres[2] ». On peut s'interroger sur cette absence de méfiance chez un analyste par ailleurs très suspicieux sur le matériel que lui fournissait l'Abwehr. Il est possible qu'il ait cru les documents authentiques parce qu'il avait terriblement envie d'y croire, ou parce qu'il savait à quel point Hitler était inquiet d'une possible

1. En réalité les documents tombèrent entre les mains de la Marine, plutôt probritannique, ce qui faillit empêcher la transmission aux Allemands.

2. Cité dans Ben McIntyre, *Opération Mincemeat*, Ixelles éditions, 2011.

attaque alliée dans les Balkans. Une autre explication est possible : l'aristocrate von Roenne a peut-être souhaité la défaite de l'Allemagne nazie et ainsi sciemment validé une probable désinformation. Son destin tragique rend l'hypothèse crédible : ami de Stauffenberg, von Roenne fut exécuté après l'attentat raté contre Hitler.

Le fait qu'Hitler ait redouté une attaque dans les Balkans qui priverait la Wehrmacht de la moitié de son carburant peut avoir contribué au succès de l'opération *Mincemeat*. Les professionnels du Renseignement savent qu'il est toujours très difficile d'introduire de nouvelles idées chez l'ennemi ; il est plus facile en revanche de jouer sur des craintes préexistantes.

On mesure le succès d'une opération d'intoxication à la prolifération de son message. Un espion anglais ayant ses entrées dans les cercles gouvernementaux italiens rapporta ainsi que le haut commandement italien avait eu vent par l'état-major espagnol de plans d'attaques alliées en Grèce et en Sardaigne. En faisant leurs propres copies des faux documents, les Espagnols avaient contribué à disséminer la fausse information, et donc à la faire paraître plus authentique. Entre mars et juillet 1943, Hitler porta de 1 à 8 le nombre de ses divisions en Grèce, et de 8 à 18 celles stationnées dans les Balkans. Quelques jours après le débarquement en Sicile, Hitler annula l'offensive en cours sur le front de l'est et transféra les *SS Panzer Korps* en Italie. Ce fut un tournant qui permit à l'Armée rouge de lancer une grande contre-offensive.

Avant même la fin de la guerre, Montagu manifesta le souhait de raconter cette histoire, qui resterait comme son plus grand fait d'armes. Cela lui fut interdit. Outre les entorses avec la légalité qu'impliquait le récit, il risquait aussi de brouiller la Grande-Bretagne avec l'Espagne franquiste : plusieurs officiels espagnols intervenus dans l'affaire étaient encore en poste et ne verraient pas d'un bon œil que l'on expose sur la place publique leurs compromissions passées avec les nazis. Ce n'est que lorsqu'il fut devenu évident que des journalistes enquêtaient sur l'opération, et allaient publier quelque chose, que la censure britannique changea d'avis : si l'histoire de *Mincemeat* devait sortir, mieux valait encore que ce fût par la plume d'un des principaux intéressés, que l'on pouvait plus facilement relire et corriger.

Montagu proposa à son comparse Cholmondeley d'écrire ensemble – voire de ne pas écrire, mais de recevoir 25 % des droits d'auteur. Ce dernier s'estimant toujours lié par son devoir de réserve il préféra demeurer anonyme, bien qu'ayant quitté le MI5. C'est pourquoi il apparaît sous le pseudonyme de « George ». Le manuscrit parut d'abord en extraits dans le *Sunday Express* en février 1953 avant d'être édité sous forme de livre sous le titre *The Man Who Never Was* (*L'homme qui n'a jamais existé*). Il devint aussitôt un succès mondial avec plus de 3 millions d'exemplaires vendus. L'édition française fut publiée par Julliard. La Fox acheta les droits d'adaptation, et sortit en 1956 le film *The Man Who*

Never Was, avec Clifton Webb en Montagu… et Ewen lui-même dans le petit rôle d'un vice-maréchal de l'Air Force qui manifeste des doutes sur le plan ! Comme souvent à Hollywood, le film n'était pas totalement fidèle au livre, mais Montagu eut la politesse de déclarer que les événements inventés pour les besoins du scénario *auraient pu* arriver.

Charles Cholmondeley a ouvert un commerce de machines horticoles après avoir quitté le MI5 en 1952. Il est mort en 1982. Ewen Montagu a été pendant dix-huit ans juge-avocat de la Royal Navy, tout en officiant comme juge dans le Hampshire et le Middlesex. Il est décédé en 1985. Dans le cimetière de Huelva en Espagne, la commission des tombes de guerre du Commonwealth continue de fleurir la stèle n° 1886, où repose William Martin (de son vrai nom Glyndwr Michael), « l'homme qui n'a jamais existé ».

Yvonnick Denoël

Note de l'auteur

Ce récit est le compte rendu véridique d'une opération qui a eu lieu au cours des années 1942-1943.

Je me suis limité strictement à relater des faits dont j'ai eu connaissance personnellement, ou qui découlent de documents et de rapports contemporains. Je me suis efforcé d'être un mémorialiste impartial en éliminant toute autre source d'information plus ou moins incertaine.

La discrétion était de rigueur pour notre équipe jusqu'au jour où un roman, basé en partie sur l'opération, et des Mémoires allemands faisant allusion aux documents qui ont servi à monter cette mystification ont rendu évident qu'on ne pouvait plus maintenir le secret absolu. Les autorités, appréciant certainement les dangers et inconvénients pouvant résulter d'une divulgation incomplète, me donnèrent officiellement l'autorisation de publier toute l'histoire.

L'opération a été menée à bien par une équipe qui doit, malheureusement, rester anonyme car certains de ses membres sont encore au service du Gouvernement. Le prénom de « George » est donc faux. J'ai dû aussi, bien entendu, garder le secret de l'identité du commandant Martin. Quand j'ai cité d'autres personnes, je leur ai donné les titres et grades qu'elles avaient à l'époque.

Étudier cette histoire a son intérêt. Désormais, si l'on parle d'une « fuite », avant de blâmer nos services de sécurité, le public se demandera peut-être : « Maladresse ?... ou habileté ? »

Je dois exprimer mes remerciements à Lord Ismay pour son appui en 1942 et 1943, ainsi que pour sa préface. Également à Jack Garbutt, du Sunday Express, pour sa grande amabilité et les conseils avisés qu'il m'a donnés à l'occasion de ma première incursion dans le métier d'auteur.

Je tiens aussi à dire ma profonde gratitude à tous mes collègues, car, sans leur concours loyal et leur brillant esprit d'invention, l'opération Chair à Pâté n'aurait pu avoir lieu.

Je veux encore témoigner ma reconnaissance à Lord Norwich qui, sans le vouloir, m'a permis de publier ce livre.

Warren Beach, Beaulieu, 1953
Ewen MONTAGU

I

Naissance d'une idée

Dans le cimetière de la ville espagnole de Huelva repose un sujet britannique. Quand il mourut, seul, dans le brouillard humide de l'Angleterre, à la fin de l'automne 1942, il était loin de penser qu'il dormirait pour toujours sous le ciel ensoleillé de l'Espagne, après des funérailles célébrées avec tous les honneurs militaires, ni que, après sa mort, il rendrait aux Alliés des services qui épargneraient des centaines de vies anglaises et américaines. De son vivant, il avait fait peu pour son pays, mais, mort, il a fait plus que beaucoup n'en font pendant une longue vie de dévouement.

À la vérité, tout a été déclenché par une idée saugrenue de George.

Nous faisions partie, tous les deux, d'un petit comité de liaison qui se réunissait chaque semaine pour s'occuper de questions relatives à la sécurité des opérations projetées. Nous échangions et discutions des renseignements obtenus de toutes sortes de sources – de nos propres services et d'autres provenances, tant d'Angleterre que des pays neutres, en même temps que des rapports d'espionnage venus des pays ennemis.

Nous recevions aussi les renseignements les plus récents concernant les « intentions » des Alliés – immédiates et probables, et même « possibles à longue échéance ». Avec ces éléments, nous devions essayer de découvrir les « fuites » éventuelles et les « mesures préventives » prises par l'ennemi. Il fallait également y parer dans l'avenir.

Ce n'était pas chose aisée, mais nous formions une bonne équipe ; notre comité ne comprenait pas seulement des officiers de carrière ayant des connaissances et une expérience considérables, mais aussi des mobilisés, officiers et civils, de formation des plus variées. Nous étions éclectiques : à nous tous, nous pouvions examiner à fond n'importe quel élément d'information ; nous possédions des connaissances extrêmement diverses et peu de sphères d'activité nous étaient étrangères.

George émit son idée alors que nous discutions un rapport qui nous avait été envoyé d'Europe occupée ; comme cela arrivait parfois, nous nous demandions s'il était authentique ou s'il avait été fabriqué par les Allemands à destination des Alliés.

George était un de ces esprits subtils et adroits, toujours bouillonnant d'idées fantastiques, la plupart si ingénieuses qu'elles étaient impossibles à réaliser, ou si compliquées que leur efficacité était incertaine, mais, de temps à autre, il en avait une éclatante de simplicité.

Nous étions perplexes. Le rapport en question était-il authentique, ou les Allemands avaient-ils capturé l'agent et envoyaient-ils des rapports par lui ou pour lui ? George se remémora un récent communiqué rappelant aux officiers qu'il était interdit d'emporter des documents secrets en avion, de peur qu'ils ne soient descendus alors qu'ils se trouvaient en territoire ennemi. Partant de là, George pensa que que notre meilleur moyen de contrôler ce genre d'informations serait d'inciter les Allemands à nous refiler des renseignements que nous saurions faux. Ainsi, nous serions fixés. Si nous parachutions un émetteur de radio à des résistants en France, suggéra-t-il, comment savoir, lorsqu'il commencerait à fonctionner, s'il était manipulé par des Allemands ou par un Français ami ? Mais, en le lançant avec un cadavre attaché à un parachute mal ouvert, nous saurions beaucoup plus facilement à quoi nous en tenir. Le Français nous dirait sans doute ce qu'il s'est passé tandis que les Allemands se mettraient probablement à utiliser le poste, comme si l'agent était encore en vie. Ce n'était pas infaillible, mais cela ne demandait pas de grands efforts, et valait la peine d'être tenté.

« Le tout est de savoir comment on peut se procurer un cadavre » conclut George.

Ce n'était pas une de ses meilleures idées et nous lui avons rapidement démontré que ça ne pouvait pas marcher. Les agents ne portent sur eux ni leur code, ni leur horaire, ni leur méthode d'envoi des messages. Alors, comment les Allemands les transmettraient-ils ?

D'autre part, si un parachute ne fonctionne pas, tout ce qui y est accroché est exposé à heurter le sol brutalement. Si c'était un corps, il aurait sûrement un membre cassé ainsi que des écorchures et des égratignures. Or on peut toujours déceler les blessures *post mortem*. Il n'y avait donc aucun moyen de laisser tomber un cadavre attaché à un parachute partiellement ouvert sans que celui qui le trouverait ne s'aperçoive que le décès était antérieur à son contact avec le sol. D'ailleurs, en admettant que nous nous procurions un cadavre (et nul ne savait si c'était possible), notre choix serait vraiment très limité si ce devait être celui de quelqu'un mort en tombant d'une certaine hauteur ! Non, George faisait fausse route.

Nous sommes donc revenus rapidement à notre rapport : était-il authentique ou non ? Mais, quelques mois plus tard, l'idée saugrenue de George porta ses fruits.

Au cours de l'été 1942, notre petit comité était plongé dans sa première grosse affaire. On mettait sur pied l'opération *Torche*, l'invasion de l'Afrique du Nord, et l'expérience que nous avions acquise en veillant à la sécurité des petites opérations comportant un nombre relativement réduit d'unités était mise pour la première fois pleinement à contribution.

En dépit de tout ce qu'on pouvait faire au titre de la « sécurité », il était évidemment impossible d'empêcher l'ennemi de savoir que quelque chose se tramait. Premièrement, il était clair, pour tout le monde, que les Alliés ne resteraient pas indéfiniment sur leurs positions : il devrait y avoir un débarquement quelque part. Deuxièmement, on ne pouvait empêcher les diplomates étrangers de faire leur travail. Ils allaient et venaient dans le pays ; ils rencontraient des gens et leur parlaient, et pas seulement à des gens dans le secret, mais aussi de nombreuses autres personnes à qui la concentration de navires ou de troupes avant leur départ du pays n'échappaient évidemment pas. Quelle que fût l'opinion qu'on dût afficher officiellement, aucun de nous ne se faisait d'illusions sur la neutralité d'un certain nombre de ces diplomates. En outre, même anglophile, un diplomate avait une mission à remplir : il devait rendre compte à son gouvernement de ce qui se passait ici. Une fois son rapport parvenu dans son pays, il s'y trouverait au moins un officiel ou un ministre acheté par les Allemands ou idéologiquement disposé à leur transmettre les renseignements. Troisièmement, il y avait des hommes d'affaires et des marins neutres qui voyageaient entre le Royaume-Uni et le continent.

Par conséquent, il ne fallait pas compter empêcher les Allemands d'apprendre qu'on préparait une opération. Tout ce que nous pouvions espérer, c'était d'empêcher que les renseignements essentiels « quand » et « où » fussent ébruités.

Avant l'invasion de l'Afrique du Nord, les Alliés n'avaient pas pied sur le continent européen, et la guerre en Afrique du Nord consistait en une campagne au cours de laquelle nous opérions une poussée d'est en ouest, nos armées ayant leur base dans la zone du canal de Suez. Dans ces conditions, les Alliés pouvaient attaquer n'importe où. Aux yeux des Allemands, nous pouvions débarquer en Norvège, aux Pays-Bas ou en France, ou essayer de remonter par l'Espagne. Nous pouvions nous emparer des Canaries ou des Açores pour appuyer la guerre contre les sous-marins. Nous pouvions débarquer en Libye pour attaquer les arrières de l'armée de Rommel. Nous étions susceptibles d'attaquer aussi bien en Europe occupée que dans les pays neutres.

En conséquence, que nous attaquions Dieppe, les îles Lofoten, ou ailleurs, notre comité devait s'efforcer d'empêcher l'ennemi de connaître l'objectif et la date de l'offensive réelle. Autrement dit, notre rôle était de détourner l'attention l'ennemi vers un faux objectif et d'appuyer ces rumeurs par des communiqués annonçant, par exemple, une distribution de casques coloniaux si les troupes devaient aller réellement aux îles Lofoten, ou quelque chose de ce genre. Puis nous devions nous employer activement à brouiller au maximum les renseignements qui sortiraient inévitablement d'Angleterre. En d'autres termes, notre tâche était de nous efforcer d'assurer la plus grande sécurité possible, tout en essayant d'empêcher que les rumeurs lancées par nos services risquent de révéler le véritable objectif.

Quand l'opération *Torche* fut lancée contre l'Afrique du Nord, nous avons encore opéré sur ces bases. Lorsque nous avons étudié les rapports de nos services de renseignement et pris connaissance des mouvements des Allemands, nous nous sommes rendu compte que ce système avait fonctionné, car les possibilités étaient si nombreuses que les Allemands ne purent se faire une idée précise de l'endroit où nous allions frapper.

Notre problème, cependant, serait entièrement différent après la fin de l'opération *Torche*. À ce tournant de la guerre, les Alliés seraient maîtres de la totalité des côtes d'Afrique du Nord et à pied d'œuvre pour frapper ce que le Premier ministre appelait les « parties vitales de l'Europe ». Notre comité était tenu au courant des initiatives stratégiques des chefs de notre État-major et de celui des Américains. Il existait quelques divergences de point de vue, mais selon toute probabilité c'est là que nous frapperions, et notre comité devait être prêt à jouer son rôle quand les Alliés passeraient à l'offensive.

Une fois toutes les côtes d'Afrique du Nord entre les mains des Alliés, il était bien évident que nous n'allions pas ramener ces troupes en Angleterre pour envahir la France par la Manche, et qu'une partie au moins serait employée en Méditerranée. Elles pourraient faire partie d'une armée affectée à la conquête de l'Italie ou être utilisées pour un débarquement dans le sud de la France ou en Grèce. Notre comité devait donc se tenir en alerte pour faire face à ce qui serait éventuellement décidé.

La situation stratégique nous força à modifier les méthodes qui nous avaient si bien réussi jusque-là.

La Sicile, au milieu de la Méditerranée, est comme un ballon de football à l'extrémité de la botte italienne. Tant que nous ne nous en serions pas emparés, le passage d'un convoi en Méditerranée représenterait une opération importante vouée à des pertes énormes. Cette situation persisterait même quand les aérodromes d'Afrique du Nord seraient définitivement entre nos mains. On précisa à notre comité que la conquête de la Sicile devrait sûrement être entreprise avant toute autre opération. Comme nous devions toujours faire nos préparatifs longtemps avant qu'une attaque soit lancée, nous nous sommes mis à étudier ce nouvel objectif : sécuriser l'invasion de la Sicile, avant même que *Torche* fût définitivement mise sur pied.

Là, les choses se gâtaient. Si la Sicile était pour nous une cible évidente – une fois l'Afrique du Nord entre les mains des Alliés – il en serait de même pour les Allemands. En fait, comme le dit par la suite le Premier ministre quand il approuva notre opération, il importait peu de risquer de révéler la Sicile comme objectif, car « le dernier des imbéciles *saurait* que la Sicile est visée ».

Comment, le moment venu, empêcher les Allemands de fortement renforcer les défenses en Sicile alors qu'ils auraient le même raisonnement stratégique qui amenait les Alliés à l'attaquer ?

Tandis que nous nous creusions la tête, l'étincelle jaillit et l'idée fantastique émise par George quelque temps auparavant trouva son application.

« Pourquoi, dis-je, ne prendrions-nous pas un cadavre que nous déguiserions en officier d'état-major, en lui donnant des documents très importants indiquant clairement que nous allons attaquer ailleurs ? Il n'est pas nécessaire de le parachuter sur terre, car l'avion, en faisant route vers la Méditerranée, peut tomber en mer. Le corps échouerait sur le rivage avec les papiers, soit en France, soit en Espagne. Peu importe ! Mieux vaudrait peut-être en Espagne, ce qui diminuerait le risque d'examen du cadavre par les Allemands. Ceux-ci auraient néanmoins les documents, ou tout au moins les copies ! »

Ainsi l'idée avait pris forme. Nous discutâmes avec animation des différentes possibilités. Il nous fallait répondre à un certain nombre de questions : dans quel état serait un cadavre après la chute d'un avion en mer ? Quelles étaient les causes habituelles de décès dans ce cas ? Que révélerait une autopsie ? Pourrions-nous nous procurer un cadavre convenable ? En fait, pourrions-nous même en avoir un ? Si nous trouvions les réponses, le plan valait la peine d'être étudié avec soin car nous étions unanimes sur le fait que, si l'occasion leur en était offerte, les Espagnols agiraient tel que nous le prévoyions, et alors quelle aubaine !

II

Enquêtes préliminaires

Se procurer un cadavre était plus facile à dire qu'à faire, nous le savions, mais nous n'imaginions pas jusqu'à quel point. L'idée ne séduisait en vérité aucun de nous car, même en temps de guerre, le respect du caractère sacré du corps humain reste un instinct puissant. Toutefois, ce sentiment était contrebalancé en nous par la perspective des vies qui pourraient être épargnées grâce à l'utilisation du corps, et la certitude que celui-ci aurait ensuite une sépulture convenable et décente. La nécessité du secret nous mettait dans une situation difficile. Comment aller demander à des parents affligés l'autorisation de prendre, sans explication, la dépouille du fils, du mari ou du frère qu'ils pleuraient ? Et si nous devions donner un motif, que dire ? Dans un roman, on s'attendrait sans doute à ce que nous rencontrions quelqu'un qui serait le seul parent d'un être qui vient de succomber à une cause conforme à nos plans, quelqu'un de cette espèce rare qui consentirait simplement à nous remettre le défunt, sans poser aucune question !

Dans un roman, peut-être, mais pas dans la vraie vie…

Avant de commencer nos recherches, nous devions savoir exactement quel genre de cadavre nous convenait. Si les Allemands devaient penser qu'ils se trouvaient devant la victime d'un accident d'avion en mer, il nous fallait leur fournir un cadavre ne présentant aucune caractéristique incompatible avec cette hypothèse.

À mon avis, nous devions aborder la question comme le ferait celui qui serait chargé de l'autopsie. Qu'est-ce qu'un pathologiste s'attendrait à trouver, ou à ne pas trouver, dans le corps d'un homme rejeté par les flots après un accident ? Car, après tout, il n'était pas indispensable que l'appareil se fût réellement fracassé.

Je pensai immédiatement à Sir Bernard Spilsbury. Personne n'avait plus d'expérience que lui en pathologie et j'étais persuadé que le secret ne saurait être en meilleures mains. On pouvait être certain que lui, en tout cas, ne parlerait pas plus que nécessaire, ni ne répéterait ce que je lui dirais « en confidence à quelqu'un dont il était sûr » ! Sir Bernard savait être aussi muet qu'une carpe. Il avait même une qualité encore plus rare : j'étais sûr qu'il ne poserait aucune question en dehors de celles nécessaires à la résolution du problème qui lui était soumis. Il s'en tiendrait au fait que nous voulions faire passer un corps comme celui d'une victime d'accident d'avion aux yeux des Allemands et des Espagnols ; il ne me demanderait pas pourquoi et ne chercherait pas à en savoir davantage.

Je téléphonai donc à Sir Bernard et nous prîmes rendez-vous à son club, le Carlton Junior. Là, devant un verre de sherry, je lui expliquai notre problème. Après avoir réfléchi un moment, il me détailla sa pensée de manière concise mais complète, sa pensée qui a su convaincre tant de jurys, et même de juges. Son avis me donna de l'espoir. Si le cadavre flottait dans une Mae West[1] au moment où il serait découvert, nous pouvions utiliser le corps d'un homme qui s'était noyé, ou qui était mort de n'importe quelle cause naturelle. Les victimes d'accidents d'avion en mer succombaient parfois à une blessure reçue dans la catastrophe, et parfois à l'asphyxie par submersion ; beaucoup mouraient de froid ou même du choc. Le champ de nos recherches était moins restreint que je ne l'avais redouté.

Je ne m'étais pas trompé sur Sir Bernard. Cet homme extraordinaire m'écouta et me répondit sans jamais manifester la curiosité que n'importe qui ressentirait. Il me posa quelques questions sur le problème que je lui soumettais, mais pas une fois il ne me demanda pourquoi je voulais ces renseignements ni ce que je voulais faire.

Néanmoins, les recherches n'étaient pas faciles. Nous ne pouvions pas agir ouvertement. Nous devions éviter à tout prix ce qui pourrait attirer l'attention ; impossible de risquer qu'on se remémore que quelqu'un avait essayé

1. Ceinture de sauvetage des aviateurs.

de se procurer un mort, et une quête de cette nature était bien propre à déclencher les bavardages : « Ah ! vous savez ? Quelle histoire bizarre ! Untel a demandé l'autre jour à Untel où il pourrait avoir un cadavre… » Aussi nos recherches se poursuivirent-elles avec circonspection. Nous en étions là, en 1942, entourés trop souvent de corps, sans pouvoir en prendre aucun. Cela nous rappelait le Vieux Marin[1] : « Des cadavres, partout des cadavres, et pas un seul pour nous ! » Ou encore, à la manière de Pirandello : « Six officiers en quête… d'un mort ! »

À un moment donné, nous avons craint d'être obligés d'en venir à profaner une tombe, ou à imiter Burke et Hare[2]. Évidemment l'idée ne nous séduisait pas. Nous avons fait des enquêtes discrètes auprès d'officiers du service de santé auxquels nous faisions confiance, mais, quand il se présentait une possibilité, il surgissait toujours quelque difficulté. Parfois les parents n'auraient pas consenti ; parfois ils risquaient d'être trop bavards. Ou encore nous nous heurtions à d'autres complications, par exemple du fait de la cause de la mort.

Finalement, il semblait ne plus rester d'autre alternative que de suivre l'exemple de Burke et Hare ou d'étendre le champ de nos recherches au risque d'éveiller les soupçons. C'est alors que nous apprîmes que quelqu'un venait de mourir d'une pneumonie causée

---

1. « The Rime of the Ancient Mariner », poème de Coleridge.
2. Burke fut exécuté en 1829 pour avoir étouffé des gens en vue de vendre leur corps pour la dissection.

par le froid. Du point de vue physiologique, il semblait qu'il pût nous convenir. Fiévreusement, nous fîmes des enquêtes sur son passé et ses parents. Nous obtînmes bientôt la certitude que ceux-ci ne poseraient pas de questions gênantes, ni ne répéteraient ce que nous leur dirions. Restait cependant la question cruciale : obtiendrions-nous l'autorisation d'utiliser le corps sans dire ce que nous nous proposions de faire, et pour quelles raisons ? Nos explications devaient se borner à leur garantir que ça en valait vraiment la peine, que rien ne serait fait sans l'approbation des plus hautes autorités, et que le corps aurait, ensuite, une véritable sépulture, bien que sous un faux nom.

Nous obtînmes l'autorisation – et nous en sommes profondément reconnaissants – sous condition de ne jamais divulguer l'identité véritable de l'intéressé. Je dois donc me borner à dire qu'il s'agissait d'un jeune homme d'une trentaine d'années. Sa santé n'avait pas été très bonne ces derniers temps, mais cela ne nous gênait pas car, comme je le dis à un officier supérieur qui s'en inquiétait : « Il n'a pas besoin d'avoir l'air d'un officier d'active, mais seulement d'un officier d'état-major. »

Par mesure de précaution, j'eus un nouvel entretien avec Sir Bernard Spilsbury. Il se déclara entièrement satisfait : la pneumonie était un atout, car il y aurait sans doute du liquide dans les poumons, comme cela peut être le cas chez un homme qui s'est noyé dans une mer démontée. Si l'autopsie était faite par quelqu'un présumant que le décès était dû à l'asphyxie par submersion, il n'était guère probable qu'il remarque la différence entre l'eau de mer et ce liquide dans des poumons en décomposition.

En terminant notre entretien, Sir Bernard déclara avec une assurance caractéristique :

– Vous n'avez rien à craindre d'une autopsie en Espagne. Pour déceler que la mort de ce jeune homme n'est pas due à un accident d'avion, il faudrait un légiste de mon expérience, et ils n'en ont pas en Espagne.

Nous prîmes donc des dispositions pour faire placer le corps dans une chambre froide jusqu'à ce que nous fussions prêts à l'utiliser.

III

Opération *Chair à Pâté*

Je devais maintenant obtenir l'approbation générale du principe de l'opération. En premier lieu, comme toujours, il fallait un nom de code. Sauf dans le cas de certaines opérations pour lesquelles le Premier ministre inventait lui-même des noms, ceux-ci étaient pris dans des listes dressées par nous pour les services de l'armée et les divers commandements.

J'allai donc consulter les noms affectés aux besoins de l'Amirauté et je vis que le nom « Chair à Pâté » venait d'être remis sur la liste après avoir servi pour une opération réussie quelque temps auparavant. Entre-temps, mon sens de l'humour ayant pris un tour quelque peu macabre, le nom me sembla de bon augure et notre plan devint opération *Chair à Pâté*.

Il m'incombait ensuite de décider où nous enverrions le corps. Je choisis Huelva, qui me parut la meilleure destination si faire se pouvait, car les Allemands avaient là-bas un agent très actif qui avait d'excellentes relations avec les Espagnols, autant parmi les milieux officiels que le reste. Si le corps arrivait à Huelva, il y avait de grandes chances pour que l'on donnât à cet agent tous les papiers et objets importants trouvés sur lui. Si les choses ne se passaient pas comme prévu, il aurait au moins des copies ou des renseignements détaillés, et nous pouvions être certains qu'il alerterait aussitôt ses supérieurs à Madrid. Ceux-ci transmettraient alors les documents à ses chefs. Nous risquions seulement que le corps et les papiers fussent remis directement au vice-consul anglais avant que personne n'ait pu se saisir de quoi que ce soit. Cependant la coopération entre Espagnols et Allemands était si poussée que c'était très improbable. Si un Espagnol se proposait d'agir de la sorte, je ne doutais pas que plusieurs autres interviendraient pour l'en empêcher.

Huelva offrait un autre avantage : elle n'était pas trop proche de Gibraltar. Nous ne voulions pas que le cadavre y soit envoyé par les Espagnols pour se faire inhumer. L'arrivée du corps d'un officier qui n'existait pas à Gibraltar pouvait amener des conversations qui remonteraient très certainement aux oreilles des Allemands, par l'intermédiaire des agents Espagnols qui voyageaient régulièrement en Allemagne.

J'allai donc à l'Amirauté rencontrer l'hydrographe de la marine pour me documenter sur la météo et les marées de différents points des côtes d'Espagne, à divers moments de l'année. Encore une fois, nous étions chanceux. Les courants de la marée ne seraient pas très favorables et porteraient le long des côtes, mais les vents venant du sud-ouest, qui dominent en avril, seraient « à terre ». En somme, l'hydrographe pensait qu'un « objet » dériverait sans doute vers le rivage. Un corps dans une Mae West serait d'autant plus affecté par le vent que le genre d'objet à propos desquels je l'avais interrogé.

Huelva fut donc choisie. Il était presque certain que le cadavre flotterait vers la côte. Si tout se passait comme prévu, le corps serait alors remis au vice-consul britannique pour l'inhumation. Mais, comme je l'ai dit, nous étions convaincus que l'agent allemand, avec son habileté bien connue, ferait en sorte que tous les papiers – ou au moins les copies – finissent entre les mains des Allemands. Nous lui faisions confiance pour ça.

En même temps que l'endroit précis de l'arrivée de *Chair à Pâté*, il fallait trouver un moyen de transport. On ne pouvait le parachuter de crainte de l'abîmer, ce qui laissait trois méthodes de le mettre à la mer : sous-marin, hydravion ou en utilisant un navire escortant les convois le long des côtes espagnoles que l'on détournerait momentanément de sa trajectoire habituelle. C'était évidemment le sous-marin qui pouvait approcher le plus près de la côte sans risquer d'être repéré. Je demandai donc l'autorisation au sous-chef de l'État-major naval en Angleterre de discuter de la question avec l'amiral Barry, commandant nos sous-marins, en précisant que notre projet n'était qu'une étude, pour qu'un plan complet puisse être mis sur pied et soumis aux chefs d'État-major.

L'amiral Barry se rendit immédiatement compte des possibilités qu'offrait l'idée et j'obtins un entretien préliminaire avec son chef d'État-major. Il estima que *Chair à Pâté* pouvait être transporté par un sous-marin allant à Malte, car ces navires prenaient très souvent à leur bord des colis importants, mais pas trop volumineux.

Nous discutâmes de l'endroit où serait placé le corps. Serait-ce dans la partie supérieure du sous-marin, ou à l'intérieur du ballast ? Malgré les dimensions du coffre cylindrique (qui fait environ 2 mètres de long sur 60 centimètres de diamètre), il estima qu'on pourrait le loger dans le ballast et le hisser par la tourelle pour le lancer en mer. Cela facilitait beaucoup les choses, car il nous suffirait d'avoir un coffre métallique hermétique ne nécessitant pas de résister à la pression ; donc moins lourd et plus facile à se procurer. Restait à savoir si le corps pouvait être décongelé le temps de l'opération sans trop se décomposer, ou si nous devrions nous procurer une sorte d'énorme « Thermos ».

Je consultai donc une fois de plus Sir Bernard Spilsbury. À son avis, la température aurait relativement peu d'importance si le corps était vraiment réfrigéré au moment où il serait placé dans le coffre. L'essentiel était d'en exclure le plus possible l'oxygène qui hâtait la décomposition. La meilleure méthode, conseilla-t-il, serait de mettre le cylindre debout et de le remplir de neige carbonique. En fondant, elle dégagera du gaz carbonique qui empêchera l'air de pénétrer. On pourrait alors introduire le corps avec précaution et le recouvrir complètement de nouveau de neige carbonique. En agissant avec soin, il resterait peu d'oxygène dans le cylindre et la décomposition sera si ralentie que l'état du corps, s'il est recueilli peu après son rejet dans la mer, sera compatible avec l'hypothèse qu'il ait passé plusieurs jours dans l'eau après un accident d'avion survenu à quelques kilomètres des côtes.

Nous nous sommes donc procuré un cylindre fait de deux feuilles de tôle d'acier de calibre 22, soudées après intercalation de laine d'amiante. À une extrémité, un couvercle étanche de même fabrication, muni d'un joint en caoutchouc, était fixé par seize écrous. Une chaîne reliait un serre-écrou au couvercle sur lequel il était maintenu par une attache. À chaque bout du cylindre se trouvait une poignée pour aider à le transporter, car le poids total, avec le corps, dépasserait 185 kilos environ.

Pour compléter le compte rendu de cette partie de nos préparatifs, je dois ajouter que je revis plus tard l'amiral Barry. Je lui dis que le plan progressait et que, sous réserve d'approbation définitive, nous désirions lancer l'opération autour de la fin avril. Cela présenterait, pour le sous-marin, l'avantage qu'il y aurait peu ou pas de lune, donc moins de risques de repérage près des côtes. Il décida que l'on utiliserait le sous-marin *Seraph*, dont il était possible de retarder le départ pour Malte d'une quinzaine de jours. Il les emploierait à « travailler » dans les eaux anglaises.

C'était pour nous une bonne fortune. Le sous-marin était commandé par le lieutenant Jewell qui, avec son équipage, avait déjà eu l'expérience d'opérations spéciales concernant les débarquements en Afrique du Nord. Entre autres, il avait recueilli le général Giraud lors de son évasion de prison et débarqué le général Mark Clark sur les côtes d'Afrique du Nord, au moment de ses entretiens secrets avec les Français, avant de le remmener.

J'avais préparé un projet de « plan des opérations » pour le capitaine du sous-marin. L'amiral Barry l'approuva mais, suivant sa suggestion, le lieutenant Jewell vint chez l'amiral à l'État-major des sous-marins, afin que nous puissions discuter de l'opération dans les meilleures conditions.

Je lui remis le projet, rédigé comme suit :

Opération *Chair à Pâté*

1. *Objet.* – S'arranger pour qu'une sacoche contenant des documents s'échoue le plus près possible de Huelva, en Espagne, dans des conditions telles qu'on pense qu'elle a été jetée à la côte à la suite d'un accident d'avion en mer, alors qu'elle était transportée par un officier anglais à destination du QG des Forces alliées en Afrique du Nord.

2. *Méthode.* – Un cadavre revêtu de l'uniforme [*battle-dress*] des fusiliers marins et portant une Mae West sera emmené dans un sous-marin en même temps que la sacoche et un canot pneumatique.

Le corps sera enfermé, tout habillé et prêt (et enveloppé dans une couverture pour éviter tout frottement) dans un coffre cylindrique hermétique (étiqueté « Instruments d'optique »).

Le cylindre a un peu moins de 2 mètres de long et n'a aucune aspérité sur ses parois. L'extrémité qui s'ouvre est fermée par un couvercle à joint lisse, maintenu solidement en place par un certain nombre d'écrous, et muni à l'extérieur d'un serre-écrou retenu par une chaîne.

Les deux extrémités du cylindre comportent chacune une poignée se rabattant à plat. Il sera possible de soulever le cylindre au moyen des deux poignées, ou même en utilisant seulement la poignée du couvercle, mais il est préférable que la poignée de l'extrémité opposée ne supporte pas la totalité du poids, car le cylindre est en acier léger afin de réduire le poids le plus possible. Au total, le cylindre pèsera, plein, environ 185 kilos.

3. *Lieu.* – Le corps devra être mis à l'eau aussi près que possible de la côte sans se mettre en danger, et aussi près que possible de Huelva, de préférence au nord-ouest de l'embouchure du fleuve.

D'après les services hydrographiques, les marées, dans cette région, sont orientées presque parallèlement aux côtes et il faudra s'efforcer de choisir un moment avec vent à terre. Ce sont les vents sud-ouest qui y dominent à cette époque de l'année.

Ci-joint les derniers renseignements fournis par le superintendant des marées concernant les marées dans cette zone.

4. *Remise du colis.* – Le colis sera transporté par la route au lieu d'embarquement, à la date qui conviendra, de préférence le plus près possible du jour du départ. La sacoche sera remise en même temps au capitaine du sous-marin. Le canot pneumatique fera l'objet d'un colis séparé.

5. *Dispositions concernant le corps.* – Quand le corps sera sorti du cylindre, il suffira de passer la chaîne de la sacoche dans la ceinture du trench-coat, qui sera le vêtement extérieur du corps. La chaîne est du type porté sous les vêtements, passant autour de la poitrine, et sortant par la manche. Au bout, se trouvent deux mousquetons semblables à ceux des laisses : l'un se fixe à la poignée de la sacoche, l'autre sert à former la boucle autour du corps. C'est cette boucle qui doit passer dans la ceinture du trench-coat, comme si l'officier avait laissé glisser la chaîne pour être plus à l'aise dans l'avion, mais l'avait néanmoins gardée attachée afin de ne pas l'oublier ni la laisser choir.

Puis le corps et le canot pneumatique devront être déposés dans l'eau. Ce dernier devant dériver à une vitesse différente du corps. La position exacte de sa mise à l'eau est sans importance. Ce doit être près du corps, quoique pas trop près si possible.

6. *Personnes initiées à Gibraltar.* – Des dispositions sont prises pour prévenir l'amiral commandant à Gibraltar et son officier d'État-major (Renseignements). Personne d'autre ne sera dans le secret.

7. *Messages.* – Si l'opération est menée à bien, envoyer un message « *Chair à Pâté* terminée. » S'il est lancé de Gibraltar, demander à l'officier d'État-major (Renseignements) de l'adresser au directeur des services de renseignements de la

Marine (personnel). S'il peut être expédié avant d'y arriver, le faire en accord avec les instructions à l'amiral commandant les sous-marins (amiral Barry).

8. *Annulation.* – Si l'opération doit être annulée, un message sera lancé : « Annulons *Chair à Pâté.* » Dans ce cas, le corps et son cylindre devront être immergés en eaux profondes. Le cylindre pouvant avoir tendance à flotter, il sera peut-être nécessaire de le lester ou d'y laisser pénétrer de l'eau. En ce dernier cas, prendre soin que le corps ne puisse s'en échapper.

La sacoche devra être remise à l'officier d'État-major (Renseignements) à Gibraltar avec instructions de brûler le contenu sans l'ouvrir, s'il n'a pas été possible de le faire plus tôt. Le canot pneumatique devra être remis à l'officier d'État-major (Renseignements), qui en disposera.

9. *Abandon.* – Si le plan est abandonné, le message « Renonçons *Chair à Pâté* » sera lancé aussitôt que possible. (Voir paragraphe 7 ci-dessus.)

10. *Couverture.* – Ce point est très important. Jusqu'à la réalisation effective de l'opération, on pense que l'étiquette du cylindre « Instruments d'optique » représente une couverture suffisante. On suggère que, l'opération terminée, on donne comme explication qu'on désire tendre un piège à un agent allemand très actif dans cette région et que l'on compte en retirer des preuves suffisantes contre lui pour nous permettre d'obtenir son expulsion par les Espagnols.

Il faudra convaincre l'équipage de l'importance d'en finir avec cet homme, en précisant que la moindre indiscrétion compromettrait toutes nos possibilités d'amener les Espagnols à agir. Aussi, nous ne saurons jamais si notre objectif a été atteint, car toute l'affaire doit rester secrète entre les Espagnols et nous, sinon nous ne pourrons pas faire pression sur eux.

Il est en effet très important que les Allemands et les Espagnols interprètent ces documents en respectant les conditions données dans le paragraphe 1. S'ils suspectaient qu'ils constituent une manœuvre, cela pourrait avoir des conséquences d'une portée incalculable et de la plus haute importance.

(*Signé*) E.E.S. MONTAGU,
Lieutenant de vaisseau R.N.V.R.[1]
31.3.43

Nous avons ensuite discuté et mis au point certains détails de l'opération.

Tout en prenant ces dispositions, nous nous occupions de la partie la plus importante de l'affaire. Quel document assez impressionnant pouvions-nous fournir aux Allemands pour les amener à modifier leurs plans et l'affectation de leurs forces armées ? Comment pouvions-nous étayer le document d'une façon assez convaincante pour le faire passer pour authentique ? Car Pooh-Bah[2] avait raison d'affirmer que « les détails de la broderie masquent la trame du canevas ». Autrement dit, la sauce fait passer le poisson !

1. R.N.V.R. : Royal Navy Volunteer Reserve.
2. *Pooh-Bah :* Personnage de W. S. Gilbert dans *Le Mikado.*

IV

Le document capital

Une chose me semblait claire comme le jour : si le but du document était de tromper les Allemands au point de les faire agir en conséquence, il fallait qu'il émanât de vraiment haut. Aucune indiscrétion ou « fuite » d'un officier ordinaire ne suffirait. Même une indiscrétion d'un brigadier, d'un général de brigade ou d'un vice-amiral à un autre n'aurait pas assez de poids.

Si nous voulions, contre toute probabilité, persuader l'État-major allemand que notre prochain objectif ne serait pas la Sicile, il fallait le mettre devant un document circulant parmi les officiers qui *devaient* connaître ce qu'étaient nos plans véritables, qui ne pouvaient faire erreur, ni être eux-mêmes l'objet d'un plan de couverture. Pour que l'opération produisît son plein effet, il était indispensable que j'aie un document écrit à la destination de quelqu'un connu des Allemands, et ayant la réputation d'être « dans le secret des dieux ».

Je proposai donc que le général Sir Archibald Nye, vice-chef de l'État-major impérial, écrivît la lettre et l'adressât au général Alexander (qui commandait une armée en Tunisie sous les ordres du général Eisenhower) au quartier général du 18e groupe d'armées. Le style serait celui convenant à « de vieux copains » ; quelque chose : « Dis donc, mon vieux, il faut comprendre que nous nous rendons compte de tes difficultés, mais que nous avons aussi les nôtres. Le Chef d'État-major impérial a été obligé de laisser tomber certaines de tes demandes, malgré ton insistance. Il y a des motifs sérieux de ne pas te donner satisfaction en ce moment, et voici, etc. » En somme, le genre de lettre amicale qui donne des renseignements et des explications qu'on ne peut mettre dans une communication officielle.

Ce genre de lettre, et celui-là seul, pouvait apporter aux Allemands d'une manière convaincante l'indication que notre prochain objectif n'était pas la Sicile, tout en pouvant se trouver en possession d'un officier, et non dans une valise bourrée de documents officiels, comme il était d'usage d'en expédier d'Angleterre à nos armées en campagne.

Je visais haut, et il le fallait. Je m'attendais à une explosion, et je fus servi. En effet, la plupart des gens, même les plus capables et les plus efficaces, ne se rendaient pas compte des exigences d'une affaire de ce genre. Ils ne réalisaient pas qu'il fallait l'aborder d'une manière spéciale et dans une disposition d'esprit particulière permettant de considérer un problème sous plusieurs angles différents en même temps.

Vous êtes officier du service de renseignements britannique. Vous avez votre « équivalent » dans les services de renseignements ennemis, mettons – si on prend la dernière guerre pour exemple – à Berlin. Au-dessus de lui, il y a le commandement allemand.

Ce que vous, Anglais, avec une formation anglaise, pensez qu'on peut déduire d'un document n'a aucune importance. Ce qui compte, c'est ce que pensera *votre « équivalent » dans le camp adverse*, avec ses connaissances et sa formation allemandes ; quelles déductions *il* tirera du document. Par conséquent, si vous voulez qu'*il* pense ceci ou cela, il faut lui soumettre ce qui le *lui* fera penser (et non à *vous*). Mais il peut avoir des doutes et chercher confirmation. Vous devez imaginer quelles enquêtes *il* fera (non pas celles que *vous* feriez) et lui fournir des réponses qui *lui* donnent satisfaction.

En d'autres termes, vous devez vous rappeler qu'un Allemand ne pense ni ne réagit comme un Anglais, et vous devez vous mettre à sa place.

Mais il ne faut pas perdre de vue l'État-major exécutif à qui il fait ses rapports et qu'il doit convaincre pour que vos plans réussissent. L'État-major allemand ne connaît pas toutes les difficultés des Alliés ; il ignore si ceux-ci sont à court – par exemple – de matériel de débarquement, et il peut être porté à croire qu'une opération est possible, alors que votre propre État-major sait qu'elle n'est nullement envisagée. Vous devez vous rappeler que vos plans ont pour but de tromper l'ennemi et non votre État-major. Cependant tout le monde n'est pas capable de se rappeler, et de *mettre en pratique* ces considérations.

Les difficultés commencèrent donc. Avant de les raconter, voici quelques mots au sujet des « objectifs de couverture » et des « plans de couverture ». Si vous voulez éviter sur votre objectif une concentration qui s'oppose à votre débarquement, il faut essayer d'attirer ailleurs les efforts et les forces défensives de l'ennemi. Si possible, il doit être persuadé que vous attaquerez non pas votre objectif réel, mais ailleurs ; que vous attaquerez ce que nous appelons l'« objectif de couverture ».

Comme je l'ai déjà dit, lorsqu'une opération est envisagée, les fuites sont à peu près inévitables. Les mesures de sécurité visant à empêcher que ces « fuites » laissent deviner l'objectif réel peuvent parfois s'adapter en même temps à un second but, afin d'aider à faire accepter l'« objectif de couverture ».

Ainsi, si une indiscrétion a lieu au sujet d'une opération contre les îles Lofoten, par exemple, et si l'on procède à une distribution de casques coloniaux, l'ennemi est amené à supposer que l'objectif se trouve quelque part sous les tropiques. Si les navires destinés au transport des troupes reçoivent des cartes ou autres fournitures indiquant l'objectif de couverture comme étant, par exemple, Dakar, les services d'espionnage allemands peuvent fort bien, en réunissant les différentes fuites, arriver aux conclusions auxquelles vous vouliez les faire arriver.

L'objectif de couverture idéal serait un point si éloigné du but réel que toutes les défenses maritimes, aériennes ou terrestres dont l'ennemi disposerait se trouveraient complètement en dehors de l'objectif véritable. Pour donner un exemple exagéré : si vous vous disposez à envahir l'Afrique du Nord et parvenez à persuader l'ennemi que vous allez envahir la Norvège (oh ! quel beau rêve !), toutes les défenses complémentaires qu'il mettra en Norvège ne pourront pas intervenir dans votre opération réelle.

Dans la réalité, l'objectif de couverture est parfois forcément dans la même zone que l'objectif choisi. Il est alors impossible de détourner la totalité des défenses de l'ennemi. Par exemple si, à l'époque de nos débarquements en Afrique du Nord, en 1942, nous avions lancé l'objectif de couverture d'un débarquement à l'arrière de Rommel, disons Tobrouk – et si les Allemands avaient été convaincus – nous aurions pu réussir à détourner certaines forces militaires et peut-être la Luftwaffe vers cette région, mais les sous-marins allemands auraient été attirés vers le détroit de Gibraltar, par lequel on était obligé de faire passer les convois pour l'opération véritable.

On aboutit donc souvent à un compromis entre ce qui serait l'objectif de couverture parfait et ce qu'il est possible de faire croire à l'ennemi.

Quand nous avons dû appliquer cette théorie au problème spécial posé à notre équipe de « Renseignements », notre tâche était d'essayer de convaincre les Allemands que nous n'allions pas attaquer la Sicile – objectif qui devait s'imposer à eux – et de les persuader d'emmener leurs forces ailleurs, et aussi de consacrer tous leurs efforts et leur temps à renforcer les défenses sur d'autres points.

Du point de vue des Alliés, nous avions une armée sous les ordres du général Eisenhower installée en Afrique du Nord française à l'extrémité occidentale de la Méditerranée et une autre armée commandée par le maréchal Sir Henry Wilson, ayant sa base en Égypte, qui tenaient, à elles deux, la totalité des côtes d'Afrique du Nord. Nous savions qu'on avait l'intention d'utiliser ces deux importantes unités pour une seule opération.

À l'appui de cette décision, il y avait beaucoup de raisons qu'il serait trop long de détailler ici, mais je puis les résumer en disant qu'une attaque contre les côtes fortifiées de Sicile, suivie d'une invasion de la péninsule italienne, exigeait toutes les forces dont nous disposions.

Indépendamment des troupes et de l'aviation effectivement engagées, il y avait une grande pénurie de matériel et l'obligation de réserver les navires et escortes nécessaires pour approvisionner et soutenir l'offensive rendait impossible de mener deux campagnes à la fois.

Examiné du point de vue allemand, le même problème était tout différent. Aux yeux de l'ennemi, les Alliés pouvaient utiliser l'armée du général Eisenhower en Méditerranée occidentale pour attaquer le sud de la France, bien que ceci dût sans doute exiger l'invasion préalable de la Sicile, de la Sardaigne et de la Corse, et représentât une opération risquée, l'Italie – non conquise – constituant une base de contre-attaques sur le flanc de nos lignes de ravitaillement.

D'autre part, la même armée, ou celle installée en Égypte était susceptible de servir à l'attaque de l'Italie ; cependant, si l'on prenait l'armée occidentale, il serait presque sûrement indispensable de conquérir en premier lieu la Sicile.

Enfin, il était possible d'affecter l'armée d'Orient à l'invasion de la Grèce et à une offensive dans les Balkans.

Rien ne permettait de supposer que les Allemands étaient au courant de notre pénurie de flotte de débarquement ; il était donc normal pour eux d'envisager que nous allions entreprendre deux opérations, l'une en Méditerranée occidentale avec l'armée du général Eisenhower et l'autre en Méditerranée orientale avec celle de Sir Henry Wilson.

Quand notre équipe étudia la mystification à laquelle nous voulions aboutir avec l'opération *Chair à Pâté*, notre raisonnement fut le suivant : puisque les Alliés avaient la plupart de leurs forces en Tunisie, il ne fallait pas espérer persuader les Allemands que nous ferions passer nos convois par les détroits, devant leurs aérodromes de Sicile.

Par conséquent, pour faire croire à l'ennemi que l'objectif de couverture représentait vraiment l'opération dans laquelle ces troupes seraient engagées, il devait se trouver quelque part à l'ouest de l'Italie.

On avait déjà choisi la Sardaigne comme objectif officiel de couverture, de façon à prétendre que nous allions laisser la Sicile de côté et prendre la Sardaigne et la Corse, préparant ainsi l'attaque de toutes les côtes de l'Italie et du sud de la France.

Nous n'avions pas de multiples moyens de transmettre des indiscrétions aux Allemands : et même si nous y arrivions, lesquels auraient atteint leur but ? Puisque nous ne disposions que d'un seul document, il fallait essayer de faire d'une pierre deux coups.

À mon avis, les Allemands se laisseraient probablement persuader que l'armée de Sir Henry Wilson, sous les ordres du général Montgomery, entreprendrait l'invasion de la Grèce et une offensive dans les Balkans, au lieu de prendre part aux mêmes opérations que celle du général Eisenhower.

Pourquoi l'ennemi ne croirait-il pas à une double opération avec une attaque à chaque extrémité de la Méditerranée ? Si nous réussissions à l'en convaincre, nous obtiendrions une dispersion beaucoup plus étendue de ses forces qu'en basant notre mystification uniquement sur l'objectif de couverture « officiel » de la Sardaigne.

Je proposai donc que la lettre au général Alexander révélât qu'il devait y avoir deux opérations : la sienne sous les ordres du général Eisenhower contre la Sardaigne et peut-être la Corse, et une autre contre la Grèce, commandée par le maréchal Sir Henry Wilson.

Je suggérai également de dire que nous nous « efforcerions de convaincre les Allemands que nous allions envahir la Sicile ! »

Le plus beau de l'affaire, à mon sens, était qu'en cas de fuite de nos véritables plans, les Allemands prendraient cette fuite pour la couverture annoncée dans la lettre : s'ils « gobaient » notre mystification (cette lettre), ils refuseraient de donner du crédit aux renseignements exacts qui pourraient transpirer.

La proposition fut soumise aux chefs d'État-major. Et les ennuis commencèrent.

Peu de gens eurent connaissance du plan et du projet sommaire de lettre, car nous avions évité la procédure ordinaire, ce qui n'empêcha pas tous ceux qui les virent et qui se croyaient experts de la mentalité allemande d'émettre un jugement sans appel. « Viser si haut était trop dangereux. Mieux valait une simple lettre avec une fausse date. Nous ne ferions jamais avaler cette histoire aux Allemands et, en conséquence, attirerions leur attention sur la Sicile. Nous ne devions pas non plus mentionner la Sardaigne comme prétendu objectif réel, car la Sicile se trouverait automatiquement désignée si les Allemands éventaient la manœuvre. »

Le plus grand exploit de toute l'opération fut peut-être de persuader nos chefs que pareille occasion ne se représenterait jamais et que, pour obtenir un véritable succès, il nous fallait viser haut. Tout compte fait, je doute que tromper le Haut Commandement allemand ait été aussi difficile que persuader son adversaire anglais que nous pouvions y parvenir !

Heureusement, quelque temps après, Sir Archibald Nye lui-même se piqua au jeu ; il proposa une lettre, basée sur mon projet, qu'il crut adéquate. Hélas ! il fallut objecter que, malgré son exactitude, elle ne serait nullement convaincante. C'était le genre de lettre sincère qui allait très bien dans une valise officielle, mais qu'on ne remettrait jamais à un officier pour l'emporter dans sa poche. Sir Archibald releva le défi d'une façon admirable et composa une lettre magnifique. Pour corser la mystification au cas où les Allemands entendraient parler de *Husky* (le véritable mot de code pour l'invasion de la Sicile), il s'en servit pour désigner l'opération orientale contre la Grèce, et utilisa *Brimstone* – faux mot de code – pour l'attaque occidentale contre la Sardaigne.

Voici son projet :

Téléphone : Whitehall 9400
Chef de l'État-major impérial
Ministère de la Guerre
Whitehall,
Londres, S.W.I.

Général Harold R. L. G. ALEXANDER,
G.C.B. C.S.I. D.S.O. M.C.[1],
Quartier général,
18e groupe d'armées

23 avril 1943

Personnel et très secret

Mon cher Alex,

Je profite du départ d'un des officiers de Mountbatten pour vous expliquer les raisons de nos câbles au sujet des opérations en Méditerranée et des plans de couverture qui s'y rapportent.

Nos décisions ont pu vous paraître arbitraires, mais je vous assure que le Comité des chefs d'État-major a examiné avec la plus grande attention vos suggestions et celles de Jumbo[2].

---

1. G.C.B. : Grand Cross of the Order of the Bath.
C.S.I. : Companion of the Order of the Star of India.
D.S.O. : Distinguished Service Order.
M.C. : Military Cross.

2. Jumbo : Surnom du maréchal Sir Henry Wilson, commandant en chef du Moyen-Orient.

D'après des renseignements récents, les Boches ont renforcé leurs défenses en Grèce et en Crète. Le Chef de l'État-major impérial a estimé que nos forces étaient insuffisantes pour passer à l'offensive. Le Comité a décidé de renforcer la 5e division par une brigade en vue du débarquement au sud du cap Araxos, et de faire de même pour la 56e division, qui doit attaquer Kalamata. Nous rassemblons les forces et le matériel nécessaires.

Jumbo avait proposé de choisir la Sicile comme objectif de couverture pour *Husky*, mais nous l'avions déjà retenue pour les opérations *Brimstone*.

Le Comité des chefs d'État-major a de nouveau étudié à fond la question. Étant donné les préparatifs en Algérie, l'entraînement amphibie sur les côtes tunisiennes et le pilonnage qui devra neutraliser les aérodromes de Sicile, il a décidé de s'en tenir au projet d'utiliser la Sicile comme couverture pour *Brimstone*.

Il y a de fortes chances, en effet, pour que l'ennemi croie que nous allons attaquer la Sicile. C'est un objectif évident et, à ses yeux, un point névralgique. D'autre part il était difficile de persuader les Boches que nos préparatifs intensifs en Méditerranée orientale visaient également la Sicile. C'est pourquoi on a dit à Wilson qu'il fallait un plan de couverture plus proche, par exemple le Dodécanèse. Nos relations avec la Turquie s'étant visiblement améliorées, les Italiens doivent éprouver une certaine appréhension au sujet de ces îles.

Je pense que vous serez aussi de cet avis. Je sais que vous allez avoir fort à faire et il y a peu de chance que vous puissiez discuter des opérations futures avec Eisenhower, mais si par hasard vous tenez à appuyer la proposition Wilson, prévenez-nous le plus vite possible, car le temps presse.

Je suis désolé que nous n'ayons pu vous donner satisfaction concernant le poste à pourvoir à la brigade de la Garde. Votre candidat était alité avec une mauvaise grippe qui menaçait de l'immobiliser pendant plusieurs semaines. Forster n'est sûrement pas un inconnu pour vous. Il a fait ses preuves à la tête d'une brigade en Angleterre et était, je crois, le plus qualifié.

Vous devez en avoir par-dessus la tête de toutes ces histoires de médailles militaires et « Purple Hearts »[1]. Nous sommes tous d'accord qu'il ne faut pas vexer nos amis américains, mais la question est plus compliquée. Si certaines de nos troupes doivent recevoir des décorations supplémentaires uniquement parce qu'elles se battent dans la même région que des Américains, cela provoquera un sérieux mécontentement parmi les unités qui luttent ailleurs, aussi durement sinon plus.

À mon avis, il convient de décliner la proposition des Américains en expliquant qu'elle impliquerait une sorte de favoritisme. La question est à l'ordre du jour de la prochaine séance du comité et vous ne tarderez sans doute pas à connaître sa décision.

Bonne chance.

Bien à vous,

Archie NYE

1. Décorations américaines.

On ne pouvait faire mieux. Seul un initié était à même d'exposer de cette façon le plan qui lui avait été soumis. D'une manière allusive et fortuite qui donnerait le change aux Allemands, la lettre dit clairement qu'il y aura une opération en Méditerranée orientale avec débarquement en Grèce. Elle indique aussi que nous *voulons* faire croire aux Allemands que l'opération en Méditerranée occidentale aura pour objet la Sicile (d'où il ressort nettement que ce *ne peut pas* être l'objectif véritable). Tout cela sur un ton officieux qui, s'ajoutant aux questions très personnelles traitées aussi dans la lettre, justifie que cette missive ne soit pas envoyée par courrier officiel.

Deux points pourtant me chiffonnaient. Le premier, c'était que, connaissant mes Allemands, je voulais être sûr qu'ils aient en tête un objectif très précis concernant nos plans à l'ouest, mais les chefs d'État-major s'opposèrent à voir la Sardaigne mentionnée dans la lettre. Ils estimaient que cela désignerait trop clairement la Sicile si la manœuvre échouait. Cependant, grâce à l'accord du Premier ministre, j'arrivai à placer une allusion plaisante à la Sardaigne dans le brouillon d'une autre lettre que nous préparâmes pour Lord Louis Mountbatten et qui, ainsi qu'on le verra par la suite, fut d'un intérêt considérable.

Le deuxième point était moins important. J'aurais voulu inclure dans la lettre quelque chose qui frappât l'esprit du lecteur allemand parce que cela concorderait avec ses propres idées.

Je suis d'avis qu'en général on est plus enclin à croire à l'authenticité d'un document si on connaît déjà une partie de son contenu.

Je pensais donc que le meilleur moyen serait de faire une plaisanterie sur le compte du général Montgomery à la manière assez lourde de l'humour allemand. Sir Archibald pourrait demander au général Alexander : « Qu'est-ce qui ne va pas avec Monty ? Pas d'ordre du jour depuis au moins une semaine… »

Peu de temps auparavant, le général Montgomery avait rédigé un certain nombre d'ordres du jour pour encourager les troupes et on s'en était abondamment gaussé.

Cependant, pour des raisons que je n'ai jamais très bien comprises, les chefs d'État-major ont fermement rejeté ma suggestion. J'admets qu'elle n'était pas très solide et que la perte n'était pas grande, mais j'étais persuadé que c'était un genre de blague que les Allemands apprécieraient.

La lettre de Sir Archibald, adressée à « Mon cher Alex » et signée par lui, fut dactylographiée sur son papier à lettres, puis mise sous double enveloppe cachetée suivant l'usage. Le document capital était prêt. Détail savoureux : elle se trouva datée du jour de la Saint-George.

V

« Commandant Martin, des fusiliers marins »

Tandis que nous préparions le document que nous appelions « la lettre capitale », nous devions réfléchir à « l'homme » qui devait l'emporter. Manifestement, la première question que se poseraient nos adversaires à Berlin serait : « Comment la lettre a-t-elle pu venir à Huelva ? »

Certes, c'était bien une lettre à confier à un officier et non à une valise officielle ; néanmoins, l'officier de l'Espionnage allemand demanderait : « *Était-elle* transportée par un officier ? Ressemblait-il vraiment à un officier ? »

Aussi devions-nous, avant tout, faire en sorte que le corps fût reconnu comme celui d'un officier. Il n'avait pas d'uniforme que nous puissions utiliser car, aussi bien par prudence que pour tenir ma promesse de ne pas révéler son identité, il était indispensable de lui en procurer un nouveau.

Nous étions partis du principe que, dans sa nouvelle identité, le corps serait celui d'un officier de l'armée.

Dans notre esprit, cela découlait du fait qu'il transportait une lettre du vice-chef de l'État-major impérial au commandant en chef d'une armée et sans doute aussi parce que l'armée comprenait un grand nombre d'hommes en temps de guerre.

Par la suite, cependant, nous avons renoncé à notre idée de le mettre dans l'armée. Il y eut pour cela un certain nombre de raisons, mais la plus dirimante avait trait à la « distribution » des messages et rapports qui seraient échangés entre l'attaché à Madrid et les services de Londres, après l'arrivée du corps sur les côtes d'Espagne.

Normalement, les télégrammes et messages étaient reçus par les bureaux dépendant du service en cause, puis étaient distribués automatiquement aux officiers ou bureaux pouvant être intéressés par le sujet évoqué. La répartition se faisait d'après une série de listes. Il en résultait que tout télégramme annonçant la découverte d'un cadavre sur les côtes d'Espagne serait envoyé au service qui s'en chargerait et immédiatement communiqué à un grand nombre de gens. Toute communication ultérieure suivrait le même cycle.

Par contre, d'après la réglementation en vigueur à l'Amirauté, il m'était possible de m'arranger avec le chef de division des Renseignements de la Marine pour que cette distribution automatique fût évitée et que les messages résultant de notre opération ne fussent remis qu'à moi, arrangement qui ne suscita aucune objection.

Avec l'organisation du ministère de la Guerre, il n'était pas facile d'obtenir que la distribution fût limitée soit à moi soit à un de mes collègues de ce ministère.

Nous avons donc décidé que l'homme ne ferait pas partie de l'armée, mais dépendrait de la Marine, ce qui suscita aussitôt un certain nombre de problèmes imprévus. La transposition n'était pas aisée.

Un officier de l'armée pouvait faire un voyage en avion comme celui que nous envisagions, de Londres au quartier général en Afrique du Nord, habillé en *battle-dress*, mais un officier de marine devait porter son uniforme. Or, si un *battle-dress* n'a pas besoin d'être ajusté, un uniforme de marine doit être fait sur mesure ! Nous avons été horrifiés à la pensée que le coupeur de Gieves soit amené à prendre les mesures de notre cadavre et à faire les essayages de son uniforme. Aussi avons-nous rejeté cette idée !

Il n'y avait qu'un autre moyen d'avoir cet « officier » sous contrôle de l'Amirauté, c'était de le mettre dans les fusiliers marins. Cela faciliterait le problème de l'uniforme, mais en soulevait d'autres.

D'abord nous avions tablé sur le fait qu'étant donné le développement de l'armée en temps de guerre, les officiers ne s'étonneraient pas d'entendre parler d'un camarade inconnu jusque-là. Au contraire, les fusiliers marins formaient une petite communauté, dont tous les membres se connaissaient de vue ou de réputation.

Deuxième difficulté: nous procurer une photographie. Pour diverses raisons, nous n'avions pas, et ne pouvions avoir, du jeune homme dont nous utilisions le corps, de photographie convenant pour une carte d'identité conforme à sa nouvelle identité. Or, si les officiers de l'armée ne portent pas sur eux, à l'étranger, de cartes d'identité avec photographie, il n'en est pas de même pour les officiers de marine.

Nous avons discuté longuement ces questions. Il nous était facile de voir le danger que représentait le nombre limité d'officiers chez les fusiliers marins. Si les Espagnols envoyaient le corps à Gibraltar aux fins d'inhumation, le danger serait encore beaucoup plus grand que celui que nous avions redouté pour un officier de l'armée de terre.

Nous avons jugé néanmoins que, vu la distance entre Huelva et Gibraltar, nous pouvions accepter cette aggravation de risque découlant de son appartenance à la Marine.

Nous avons décidé aussi d'affronter la difficulté de nous procurer une photographie convenable mais, sur ce point, nous ne nous étions pas rendu compte de la taille de l'obstacle !

Pour commencer, nous avons essayé de nous en tirer en prenant des photographies d'identité du cadavre : ce fut un fiasco complet. On dit souvent d'une photographie qu'elle vous donne l'air d'un mort. Que ça soit vrai ou pas, je défie quiconque de photographier un mort en lui donnant l'air vivant !

Nous nous lançâmes dans des recherches fiévreuses pour trouver un « sosie » du cadavre ou quelqu'un qui lui ressemblât assez pour qu'une photographie ordinaire pût lui être attribuée. Fait surprenant : nous n'avions trouvé à ce jeune homme aucun trait qui l'eût distingué dans une foule, et pourtant nous ne sommes pas arrivés à trouver celui dont nous avions besoin. En vain nous nous sommes promenés des jours durant, occupés à dévisager tous ceux que nous rencontrions avec pour objectif de les persuader sous un motif quelconque de se laisser photographier.

Finalement, je me décidai à demander à un jeune officier de marine de la division navale des Renseignements de mettre un blouson et de se laisser photographier. J'ai oublié la raison que je lui ai donnée. C'était à prévoir, le résultat ne fut pas fameux, mais en songeant combien ce genre de photographies est minable, nous avons estimé que la ressemblance suffirait.

Par la suite, le hasard nous a été de nouveau favorable. Lors d'une réunion au sujet d'une toute autre affaire, je vis assis en face de moi quelqu'un qui aurait pu être le frère jumeau du cadavre. Il accepta facilement de se laisser prendre en photo : l'obstacle était surmonté.

Le dernier point à régler avant de faire du corps un officier était de lui donner un nom et un grade. À mon avis, il était invraisemblable de confier une lettre de l'importance de notre document « capital » à un officier subalterne. Nous ne pouvions pas non plus lui donner un grade trop élevé pour diverses raisons. La plus importante était que l'homme était trop jeune pour avoir un tel rang, à moins qu'il n'eût fait preuve de capacités si éminentes que ses camarades officiers auraient forcément entendu parler de lui...

Je décidai donc d'en faire un capitaine faisant fonction de commandant. Je pris ensuite un annuaire de la Marine et parcourus patiemment la liste des officiers des fusiliers marins. Je trouvai un petit groupe, à peu près de ce grade, tous du nom de « Martin ». C'était une aubaine : si la mort d'un « commandant Martin » était mentionnée au cours d'une discussion dans un mess, il y avait lieu d'espérer que les officiers présents ne connaîtraient pas tous les « Martin » des fusiliers marins. Dans le cas contraire, ils croiraient à une erreur dans l'initiale indiquée et hésiteraient à envoyer leurs condoléances.

Les choses ne se seraient peut-être pas passées ainsi (qui sait si les Martin n'étaient pas tous frères ?), mais c'était une précaution de plus. Le risque était d'ailleurs le même quel que fût le nom choisi.

J'ajoutai le prénom bien courant de « William » et notre homme devint le « capitaine (faisant fonction de commandant) William Martin, des fusiliers marins » avec l'approbation du commandant général des fusiliers marins qui l'accepta dans cette unité. Je pris les précautions nécessaires pour le cas où des demandes seraient adressées au service de l'Intendance générale des fusiliers marins.

Je m'étais procuré une formule de carte d'identité en blanc et passais mon temps, chaque fois que j'étais assis, à la frotter sur la jambe de mon pantalon pour essayer de lui donner la patine qu'un document de ce genre acquiert avec le temps, même dans un portefeuille. J'y arrivais assez bien, mais je m'impatientais de la lenteur des progrès de ce procédé quand il me vint une autre idée. Pourquoi le commandant Martin n'aurait-il pas perdu sa carte d'identité originale et n'en aurait-il pas fait faire un duplicata ? Je me procurai donc une autre formule, y collai la photographie du sosie du commandant Martin, remplis les blancs et signai pour lui. Je la fis signer ensuite par les services officiels intéressés qui la datèrent du 2 février 1943, en l'annotant : « En remplacement du n° 09650 perdu. »

Ce numéro était celui de ma propre carte, ce qui aiderait à résoudre les complications dans l'éventualité d'enquête ultérieure. Enfin, je fis apposer les timbres et cachets appropriés.

J'avais décidé que le « port d'attache » du commandant Martin serait le quartier général des Opérations combinées, pour des raisons que j'exposerai bientôt. Je l'avais fait naître à Cardiff, mais sans motif particulier.

Ayant ainsi complété la carte, je m'employai à lui donner une apparence vieillie par le procédé du frottement sur mon pantalon.

Les bases de la personnalité du commandant Martin se trouvaient déterminées. Quiconque trouvant le corps saurait *qui* il était d'après sa carte d'identité. Mais j'étais sûr que mes amis allemands de Huelva, Madrid ou Berlin voudraient savoir *pourquoi* le commandant Martin se rendait en Afrique du Nord. Si nous pouvions leur faire trouver un élément répondant à cette question, leur confiance dans la « lettre capitale » en serait augmentée.

Pourquoi *envoyer* un officier des fusiliers marins en Afrique du Nord par avion ? Et pourquoi dans des conditions telles que le vice-chef de l'État-major impérial soit avisé de son départ et en profite pour lui confier une lettre importante ? Pourquoi ?

Réflexion faite, je trouvai un motif qui parut plausible à notre équipe. Une opération maritime était mise sur pied contre une côte fortifiée ; ceci impliquait l'emploi de matériel de débarquement. Il se pouvait que quelque anicroche dans l'entraînement obligeât à faire appel à un spécialiste en la matière. Le commandant Martin serait cet expert et nous décidâmes de lui donner un document pour l'établir sans ambiguïté.

Je présentai donc à la signature de Lord Louis Mountbatten, chef des Opérations combinées, un projet de lettre adressée à l'amiral Sir Andrew Cunningham, commandant en chef en Méditerranée.

En voici le texte :

QUARTIER GÉNÉRAL
DES OPÉRATIONS COMBINÉES
1 A Richmond Terrace
Whitehall S.W.1.

Référence à rappeler : S R 1924/43
21 avril 1943

Amiral A. B. Cunningham,
G.C.B. D.S.O.,
Commandant en chef en Méditerranée,
Quartier général des Forces alliées, Alger

Mon cher amiral,

J'avais promis au vice-chef de l'État-major impérial que le commandant Martin s'arrangerait avec vous pour faire transmettre au général Alexander une lettre dont il est porteur. Elle est très urgente. Comme elle contient certains passages qui ne doivent pas être vus par d'autres au ministère de la Guerre, elle ne pouvait être envoyée par courrier officiel. Je compte sur vous pour veiller à la faire suivre sans délai par les voies les plus sûres.

Je crois que Martin est l'homme qui vous convient. Il est réservé et timide, au premier abord, mais il connaît vraiment son affaire. Il a eu des vues plus justes que certains d'entre nous quant à l'évolution probable des événements à Dieppe et il a suivi de très près les expériences qui ont eu lieu en Écosse avec les barges et l'équipement les plus modernes.

Renvoyez-le-moi, je vous prie, aussitôt que l'offensive aura eu lieu.

Il pourrait rapporter à son retour quelques sardines : ici, il faut des tickets pour s'en procurer !

Bien sincèrement,

Louis MOUNTBATTEN

J'étais assez content de cette lettre. Elle expliquait pourquoi la « lettre capitale » était entre les mains du commandant Martin et pourquoi elle n'avait pas été expédiée par voie officielle. Elle disait encore pourquoi le commandant Martin était envoyé par avion. Et puisque le Premier ministre avait si justement estimé sans importance que l'insuccès de notre opération désignât ou non la Sicile, cela me permettait de faire une allusion à la Sardaigne[1], grâce à un jeu de mots tiré par les cheveux mais qui, à mon avis, attirerait l'attention des Allemands. Ils saisiraient l'allusion et la comprendraient. Cette plaisanterie qui désignait la Sardaigne devait, par la suite, jouer un rôle dans nos succès.

Il s'y cachait une autre ruse. J'étais certain que les Allemands auraient la « lettre capitale » ou tout au moins une copie, mais n'allaient-ils pas recevoir un résumé seulement des documents complémentaires ?

Je voulais être sûr qu'ils auraient cette lettre intégralement. Je voulais que Berlin reçût la plaisanterie au sujet de la Sardaigne et je tenais à ce qu'on eût l'explication du motif pour lequel cet officier voyageait en avion et transportait le « document capital » contrairement aux usages. C'est pourquoi j'ai inséré le passage concernant Dieppe, persuadé que pas un Allemand ne résisterait à communiquer à ses supérieurs ce qu'il considérerait comme l'aveu, par le Chef des Opérations combinées,

1. En anglais : « Sardaigne » : *Sardinia.* « Sardine » : *Sardine.*

que notre raid sur Dieppe n'avait pas été le succès sur lequel nous comptions. Ai-je bien compris l'âme allemande ? En tout cas, ce fut, avec la « lettre capitale », le seul des documents du commandant Martin dont nous eussions trouvé la copie entière dans les dossiers allemands. Et nous savons qu'elle a été l'objet d'une étude approfondie de la part de l'Espionnage allemand à Berlin.

La lettre fut dactylographiée à l'État-major des Opérations combinées, signée par Lord Louis, et reçut un numéro de référence fictif, mais plausible.

Finalement, nous avons donné au commandant Martin une lettre supplémentaire à joindre à ses papiers personnels. Un détail nous préoccupait un peu : il était probable qu'un officier mettrait deux enveloppes de dimension normale dans sa poche, ou peut-être dans sa valise personnelle, en dépit du caractère secret de l'une d'elles. Si le commandant Martin agissait ainsi, nous n'avions aucune garantie que les Espagnols les trouveraient avant de rendre le corps ; nous ne voulions pas risquer que l'agent allemand à Huelva eût à maudire ses séides espagnols de n'avoir pas fouillé le corps. Si seulement le commandant Martin pouvait avoir un motif pour transporter les lettres dans une sacoche ! Il fallait lui en trouver un.

Justement, la brochure officielle sur les commandos de Hilary Saunders était sur le point d'être publiée en Angleterre ; une édition américaine devait sortir en même temps. Après réflexion, il était plausible que Lord Louis Mountbatten eût écrit au général Eisenhower en lui demandant une préface pour la brochure. On fit donc une lettre dans ce sens, à laquelle étaient jointes les épreuves de la brochure et les photographies qu'elle contiendrait. Nous profitâmes de l'occasion pour y glisser une autre indication fortuite que le commandant Martin était un officier digne de confiance.

Voici le texte de la lettre :

État-major des Opérations combinées,
1 A Richmond Terrace,
Whitehall, S.W.1.
Référence à rappeler : SR. 1989/43

Quartier général des Forces alliées,
Général Dwight EISENHOWER, Alger
22 avril 1943

Mon cher général,

Je vous envoie ci-inclus deux exemplaires de la brochure ayant trait aux activités de nos commandos. Je joins également un jeu des photos qui y seront insérées.

Le livre a été écrit par Hilary St. George Saunders, l'auteur anglais de *La bataille d'Angleterre – Les commandos de bombardiers* et autres brochures qui ont eu un grand retentissement tant en Angleterre que dans votre pays. L'édition qui doit paraître aux États-Unis a déjà bénéficié d'un million et demi de ventes avant sa publication, et je crois savoir que les autorités des États-Unis doivent diffuser largement le livre dans l'armée américaine.

Les services d'information britanniques à Washington m'ont fait savoir qu'ils aimeraient avoir un « message » de vous à insérer dans la publicité, et qu'ils vous avaient adressé à ce sujet une demande directe, via Washington.

Je vous envoie les épreuves par les soins de mon officier d'État-major, le commandant Martin, des fusiliers marins. Je n'ai pas besoin de vous dire à quel point nous vous serons reconnaissants de votre message. Je me rends pleinement compte de tout ce qu'on vous demande alors que vous êtes si accaparé déjà par des questions infiniment plus importantes. J'espère pourtant que vous pourrez trouver quelques instants pour exprimer votre haute approbation de cette brochure afin qu'elle soit diffusée largement et dans les meilleures conditions, et contribue ainsi à la coopération de nos deux pays.

Nous suivons vos magnifiques progrès avec admiration et enthousiasme et souhaiterions tous être avec vous.

Vous pouvez vous entretenir en toute liberté avec le commandant Martin sur ce sujet comme sur tous autres, car il a mon entière confiance.

Bien sincèrement vôtre.

Louis MOUNTBATTEN

Cette lettre fut également signée par Lord Louis et, une fois mise sous enveloppe avec ses annexes, elle justifiait tout à fait que le commandant Martin utilisât une sacoche pour transporter tous ses documents officiels.

Notre problème n'était pas encore entièrement résolu. Nous avions trouvé le moyen de présenter les documents officiels aux Espagnols d'une manière qui parait à toute déficience de leur part et nous étions assurés que ces documents seraient découverts, mais n'avions-nous pas été… trop malins ? Comme nous nous congratulions de notre ingéniosité, nous eûmes soudain une inquiétude : comment faire pour être sûr que le corps et la sacoche arrivent ensemble à Huelva ?

Il était possible, évidemment, de mettre la bride de la sacoche dans la main du commandant Martin. Toutefois, étant donné l'importance de ce point, gros de conséquences, nous ne pouvions pas risquer que, ses doigts s'étant desserrés, la sacoche fût entraînée au loin par la mer.

Je me renseignai sur la rigidité cadavérique mais, vu que le cadavre aurait été frigorifié, puis dégelé, il y avait beaucoup trop d'impondérables.

La seule solution que nous eussions trouvée ne nous plaisait guère car c'était l'unique point qui sonnait faux dans toute l'opération. Nous avons présumé qu'un officier porteur de papiers très secrets et importants pouvait attacher sa sacoche à une de ces chaînes recouvertes de cuir comme en utilisent certains encaisseurs de banque et qu'ils portent à l'intérieur de leur manche, de sorte qu'elles ne sont pas visibles à première vue, mais empêchent qu'on leur arrache la sacoche des mains.

Cela nous semblait bien invraisemblable, car *nous* savions que ce n'était pas l'usage chez les officiers britanniques. N'importe ! Il fallait tenter notre chance, en espérant que nos adversaires à Berlin mordraient à l'hameçon. Après tout, *ils* ne pouvaient pas avoir la certitude que *jamais* un officier britannique n'adopterait un tel moyen pour mettre en sûreté des documents pareils !

Nous avons donc décidé de tenter le coup et d'utiliser une chaîne. Comme on l'a vu dans les instructions données au lieutenant Jewell, nous avons admis que le commandant Martin ne serait pas resté avec la sacoche pendue à son bras pendant un long vol. Il était raisonnable qu'il l'eût laissée au bout de la chaîne pour éviter de la perdre ou de l'oublier, mais qu'il eût passé celle-ci dans la ceinture de son imperméable pour être plus à son aise.

On ne sait comment faire pour le mieux ! Peut-être avons-nous trop cherché la petite bête ? Peut-être, d'autre part, les Allemands à Berlin auraient-ils eu des soupçons si ce détail leur avait été signalé ? Je n'anticiperai pas maintenant sur ce que nous avons appris plus tard. Je me bornerai à dire que la chance nous a été favorable et que la question n'a jamais été soulevée.

Cependant, j'aurais beaucoup aimé savoir si le risque que nous avons couru n'était pas dangereux, car nous nous y sommes décidés en pensant que les Espagnols préciseraient ce point, manifestement important, dans leur rapport aux Allemands, mais que la chaîne n'éveillerait pas chez nos adversaires des soupçons assez forts pour les amener à rejeter des documents entourés par ailleurs d'un halo d'authenticité aussi convaincant. Nous ne saurons jamais si nous avons eu raison ou non. Peut-être est-ce préférable !

Enfin, puisque le commandant Martin était attaché à l'État-major des Opérations combinées, il avait besoin d'un laissez-passer spécial que nous lui avons procuré.

L'idée nous vint alors qu'il ne convenait pas de faire du commandant Martin un parangon de toutes les vertus et qu'il était temps qu'il témoignât d'une faiblesse humaine autre que la perte de sa carte d'identité.

Dans cet esprit, nous lui avons créé – ce sera l'objet du prochain chapitre – une personnalité selon laquelle il était un peu négligent de ses propres affaires malgré ses capacités en tant qu'officier. D'autre part, nous devions éviter de différencier trop complètement ses caractéristiques personnelles de ses qualités militaires.

Comme on le verra plus loin, il était survenu dans sa vie un événement de nature à lui faire perdre de vue des détails aussi négligeables que le renouvellement d'un laissez-passer. Nous avons donc décidé qu'il aurait, comme cela nous était arrivé parfois aux uns ou aux autres, oublié de renouveler le sien. Celui que nous lui avons donné expirait le 31 mars 1943. Certainement les Allemands ne s'étonneraient pas (nous non plus à leur place !) de constater que le commandant Martin avait utilisé ce laissez-passer jusqu'à son départ la troisième ou quatrième semaine d'avril.

Restait maintenant à lui procurer un uniforme. L'un de nous était à peu près de la même taille que le commandant Martin : il se procura un *battle-dress* convenable sur lequel il ajouta les écussons des commandos de fusiliers marins et une couronne de commandant. On trouva un imperméable usagé ; sur les pattes d'épaule, on mit les mêmes insignes ainsi que les trois étoiles de son grade.

Il nous fallait encore des chaussures et des guêtres de toile, une chemise et les sous-vêtements habituels. Ces derniers n'étaient pas neufs, mais on enleva les marques qu'ils portaient puis on donna tout à laver en même temps afin qu'il y eût les mêmes marques de blanchissage.

Nous avions acheté la chemise chez Gieves et nous pensions que Bill Martin pouvait avoir fourré la facture chiffonnée dans la poche de son imperméable. Ce fut notre unique gaffe. L'officier qui alla chercher la chemise n'était pas de la Marine et, chose inconcevable, paya comptant. Bill Martin n'ayant pas de compte chez Gieves, il lui eût été difficile de faire autrement, mais à peine le corps parti je réalisai soudain que, de mémoire d'homme, bien peu d'officiers de marine payaient comptant chez Gieves, encore moins quelqu'un que sa banque relançait pour son compte débiteur.

Je me consolai toutefois en pensant que nous visions à décevoir les Allemands ! Eux ne pouvaient pas savoir de façon certaine si les officiers mobilisés jouissaient auprès de cette maison longanime des mêmes privilèges que les officiers de carrière. Néanmoins, il y avait là une faute et une maladresse.

Ainsi, le corps de « l'homme qui n'avait jamais existé » devint celui d'un officier : le commandant Martin, des fusiliers marins. Ceux qui le trouveraient sauraient, par de multiples indices, qui il était et pourquoi il était là. Mais ce n'était encore qu'un « officier ». Il nous fallait lui procurer des objets personnels et une personnalité propre afin d'entériner sa « réalité ».

VI

La création d'une personnalité

Dès le début, le commandant Martin était devenu « quelqu'un » pour nous. Il était évidemment souhaitable que ce sentiment fût partagé par tous ceux qui feraient une enquête à son sujet. Plus il semblerait normal, plus l'affaire paraîtrait convaincante. En outre, j'étais persuadé que, dans une affaire de cette importance, le plus petit détail serait examiné de près par les Allemands, à la recherche de ce qui pouvait clocher afin de s'assurer que tout était véridique et qu'il ne s'agissait pas d'un coup monté.

La preuve que j'étais dans le vrai, c'est que – comme nous l'avons appris plus tard – les Allemands ont même prêté attention aux dates des deux talons de billets de théâtre mis par nous dans les poches du commandant Martin.

Pour déterminer la personnalité de notre messager, notre méthode a été de discuter continuellement de lui, un peu comme si nous cassions du sucre sur le dos d'un copain ! En fait, nous avons parlé de lui jusqu'à l'imaginer comme un véritable ami d'enfance. Je dois admettre cependant que, bien qu'il fût devenu pour nous tout à fait réel, nous nous sommes efforcés de modeler sa personnalité et son histoire selon nos besoins…

Ainsi que je l'ai dit plus haut, nous avions convenu que le commandant Martin était un officier assez brillant, jouissant de la confiance de ses supérieurs. Ses seules défaillances étaient apparemment celles, très communes, d'avoir perdu sa carte d'identité et laissé périmer récemment son laissez-passer.

Partant de là, nous avons mis dans ses poches des objets indiquant ses traits de caractère : nous n'avions pas d'autre moyen de faire connaître sa personnalité aux Allemands.

Selon nous, il aimait avoir du bon temps. Il aurait donc reçu une invitation pour une boîte de nuit.

Il avait dû faire quelque extravagance qui avait provoqué une lettre de sa banque au sujet de son compte débiteur.

Il avait dû descendre dans un cercle militaire pendant un passage à Londres, ce qui justifiait une facture acquittée pour son dernier séjour.

Avec cela, il sortait de l'abstraction pour prendre une tournure précise. Mais comment faire pour lui donner une vie à part entière ?

La seule façon d'y parvenir était de mettre dans ses poches des lettres ayant un caractère vraiment personnel. D'autre part, si l'on pouvait arrêter un passant dans la rue et le fouiller, il serait bien rare qu'on trouvât sur lui autre chose que des papiers sans aucun intérêt.

Nous avons fini par conclure que pour être assuré de trouver sur quelqu'un des lettres intéressantes permettant d'imaginer sa vie, il faut tomber sur un homme qui, venant de se fiancer, porte sur lui des lettres d'amour et fait des projets de mariage.

Nous avons donc décidé d'arranger « une union prochaine » entre Bill Martin et une jeune fille rencontrée juste avant son départ pour l'étranger.

Le commandant Martin fit donc connaissance, au début d'avril, d'une charmante personne prénommée « Pam » et se fiança avec elle aussitôt (ah ! ces amours du temps de guerre !). Elle lui remit une photographie ; il lui donna une bague de fiançailles et reçut d'elle deux lettres enthousiastes, l'une écrite pendant un week-end et l'autre au bureau pendant une absence de son patron ; cette dernière débordant d'émotion parce qu'il avait laissé entendre qu'il allait être envoyé quelque part à l'étranger.

Notre officier aurait sur lui la facture de la bague de fiançailles, non acquittée bien entendu, puisqu'il devait déjà de l'argent à sa banque.

Enfin il aurait un père vieux jeu qui désapprouvait les mariages de guerre et qui insistait pour que son fils fît son testament s'il persistait dans une décision aussi insensée et imprévoyante.

Nous ne pouvions espérer échafauder une personnalité de façon plus précise avec une poignée de lettres seulement, mais il fallait qu'elles aient l'air authentiques et aussi… les faire écrire par quelqu'un.

Bien sûr, nous aurions pu les écrire nous-mêmes : la plupart d'entre nous savaient trop bien ce qu'était une réclamation de banque ; certains avaient déjà fait leur testament ; lequel n'avait pas reçu de lettres d'amour ? Mais je crus préférable de faire appel à des gens qualifiés pour éviter toute erreur.

Certains points n'ont pas présenté de difficultés. Un membre de notre équipe avait une invitation en blanc pour le Club du Cabaret ; la boîte de nuit était toute trouvée.

La lettre concernant le compte débiteur ne fut guère plus malaisée à obtenir. Par un autre collègue, nous avons eu une lettre de la Lloyds Bank, datée du 14 avril, rappelant au commandant Martin d'avoir à régler un découvert d'environ 79 livres sterling. Par la suite, on me demanda s'il était courant qu'une lettre traitant d'une somme relativement peu élevée fût signée par le directeur général adjoint du siège central. J'avais déjà réfléchi à cela, sachant par amère expérience que ce genre de lettres est habituellement signé par le directeur de succursale. Quand j'ai soulevé la question à l'époque, on m'assura que, s'il est d'usage de faire signer ces lettres par le directeur de la succursale intéressée, il arrive très souvent que la lettre vienne du siège central dans des cas particuliers.

L'officier qui devait se procurer cette pièce avait une introduction au siège : on décida de s'en servir. Je pensai que les Allemands n'auraient pas notre expérience des soldes débiteurs en banque et, somme toute, si le montant était peu élevé, le père du commandant Martin était visiblement un homme d'une certaine situation. Cela faisait compensation !

La lettre fut dictée par M. Whitley Jones, directeur général adjoint de la Lloyds Bank, tapée dans ses bureaux et signée par lui. Elle était rédigée comme suit :

Lloyds Bank Ltd.
Siège central
Londres, E.C.3.

14 avril 1943

Monsieur,

J'apprends que, malgré des réclamations réitérées, votre découvert s'élevant à £ 79 19s 2d n'a pas encore été apuré.

Dans ces conditions, je vous informe que, à défaut de règlement immédiat de cette somme augmentée des intérêts à 4 % jusqu'à la date du paiement, nous nous verrons obligés de prendre les dispositions nécessaires pour la sauvegarde de nos intérêts.

Veuillez agréer, Monsieur, nos sincères salutations.

(Signé) E. Whitley JONES,
Directeur général adjoint

Il avait été convenu que cette lettre de la banque serait envoyée par la poste au commandant Martin au Club naval et militaire, mais elle lui fut adressée par erreur au Club de l'Armée et de la Marine, Pall Mall. Là, le portier inscrivit : « Inconnu à cette adresse », et ajouta : « Voir Club naval et militaire, 94, Piccadilly. » Nous y vîmes la preuve la plus convaincante de l'authenticité de la lettre. Aussi avons-nous jugé bon que le commandant Martin gardât la lettre dans son enveloppe.

L'un de nous avait obtenu la coopération du Club naval et militaire ; on nous donna une note datée du 24 avril, établissant que le commandant Martin avait passé dans ce cercle les nuits du 18 au 23 avril inclus. Outre notre but général d'étayer la personnalité du commandant, cette pièce témoignait de façon catégorique qu'il était encore à Londres le 24.

Il fut également facile d'obtenir la facture de la bague de fiançailles. Je jetai mon dévolu sur la maison S. J. Phillips, les joailliers de Bond Street, car je savais qu'ils traitaient des affaires à l'étranger, de sorte qu'il était possible de trouver en Allemagne des factures à leur en-tête qui prouveraient, à la comparaison, que la facture du commandant Martin était authentique. Cette facture fut datée du 19 avril mais indiquait que la bague avait été réellement achetée le 15 avril.

Une chose nous gênait pour obtenir les pièces utiles. De toute évidence, nous ne pouvions dire pourquoi nous en avions besoin ; j'étais persuadé que les demander sans donner de motifs, en se bornant à dire qu'il s'agissait d'une affaire secrète, risquait de faire jaser. Au contraire, en donnant une raison plausible, nous étions sûrs de pouvoir compter sur ceux à qui nous nous adressions.

Aussi imaginai-je comme prétexte que quelqu'un semblait s'intéresser de façon suspecte à des officiers en difficulté financière. Nous voulions avoir quelques pièces tendant à établir des difficultés pécuniaires et les laisser traîner dans un endroit où cet individu pourrait les voir. Nous surveillerions alors son comportement. L'histoire parut satisfaisante et nous obtînmes facilement les concours voulus, sans qu'il n'y eût jamais la moindre indiscrétion.

Ayant assuré notre « figuration », restait maintenant à trouver les « têtes d'affiche ».

Tout d'abord, nous avions besoin d'un instantané de « Pam », la fiancée du commandant Martin. Nous avons eu l'idée de demander aux jeunes filles les plus séduisantes de nos bureaux de nous prêter leurs photos pour faire une sorte d'exposition de photos d'identité, à l'instar des présentations de photos de personnes absolument innocentes parmi lesquelles on glisse celles d'un ou deux suspects (puis on demande au « témoin » de désigner celle de la personne qu'il a « vue »). Ayant demandé un assortiment, nous avons réuni une véritable collection. Nous avons choisi une charmante photo et rendu le reste.

La jeune fille qu'elle représentait travaillait au ministère de la Guerre, où elle avait accès aux documents « Ultra-secrets » ; aussi avons-nous été à même de lui dire que nous voulions utiliser le cliché comme étant celui de la fiancée fictive de quelqu'un, et elle nous y autorisa.

Aucun de nous ne se sentait à la hauteur pour écrire les lettres d'amour ; après tout, nous n'avions pas le point de vue féminin ! Il était un peu délicat de demander à une jeune fille si elle était capable d'écrire un « péan » d'amour de premier ordre… Nous avons donc demandé à une employée de nos bureaux si elle pouvait nous trouver une camarade pour le faire. Elle s'en chargea mais ne voulut jamais nous dire le nom de celle qui avait rédigé les deux magnifiques lettres que le commandant Martin devait emporter.

J'avais décidé de faire écrire la première sur le papier à lettres de mon beau-frère, car j'étais certain que pas un Allemand ne résisterait au caractère typiquement anglais d'une adresse comme la sienne : « The Manor House, Ogbourne St. George, Marlborough, Wiltshire. » Voici cette lettre datée « dimanche 18 » :

The Manor House
Telephone : Ogbourne St. George 242
Marlborough, Wiltshire

Dimanche 18

Rien n'est pire, mon chéri, que d'accompagner à la gare celui qu'on aime. Le train vous laisse en partant un vide affreux et j'ai dû faire un effort terrible pour essayer de le combler avec les souvenirs des cinq dernières semaines, mais je n'y ai pas réussi. Quelle merveilleuse journée nous avons passée ensemble ! Ah ! je sais bien que d'autres l'ont dit avant moi : si seulement le temps pouvait s'arrêter parfois, même une *minute* ! Mais à quoi bon y penser ? Allons, Pam, mouche-toi et fais un beau sourire...

Ta lettre m'a un peu réconfortée, mais je vais devenir terriblement vaniteuse si tu continues à me faire tant de compliments. Je ne les mérite pas ; j'ai peur que tu t'en aperçoives vite. Je suis ici dans un endroit délicieux pour le week-end avec maman et Jane qui sont si gentilles et pleines d'attentions. Néanmoins je m'ennuie au-delà de toute expression et j'ai hâte d'être à lundi pour reprendre le collier. Que la vie est donc bête !

Bill, mon amour, préviens-moi dès que tu pourras arranger quelque chose, et ne te laisse pas envoyer n'importe où, comme ça se fait si souvent. Quelle horreur ! Maintenant que nous avons eu ce bonheur de nous rencontrer, je ne pourrais plus le supporter, je crois.

Avec tout mon amour,

PAM

Cette lettre fut suivie d'une autre sur deux feuilles de papier ordinaire, comme on en utilisait dans les administrations pour les copies au carbone ; elle commençait par : « Au bureau, vendredi 21 » et l'écriture, assez bonne au début, dégénérait soudain en gribouillage car elle avait été achevée brusquement quand la jeune fille avait entendu revenir son chef de service. Voici cette deuxième lettre :

Au bureau,
Vendredi 21

L'ours a quitté sa tanière pour une demi-heure, aussi j'en profite pour te griffonner encore des bêtises. Ta lettre est arrivée ce matin, juste au moment où je me dépêchais de partir, terriblement en retard comme d'habitude ! Tu écris d'une manière adorable. Mais pourquoi ces affreux sous-entendus que tu vas être envoyé ailleurs ? Bien sûr, je n'en parlerai à personne, je ne répète jamais ce que tu me dis, mais ce ne sera pas à l'étranger, n'est-ce pas ? Parce que je ne veux pas de ça, *je ne veux pas*, dis-le-leur de ma part. Mon amour, pourquoi faut-il que nous nous soyons rencontrés en pleine guerre ? C'est trop stupide. S'il n'y avait pas la guerre, nous pourrions presque être déjà mariés ; nous serions en train de courir les magasins pour choisir nos rideaux, etc. Et je ne serais pas installée dans un affreux bureau du gouvernement à taper des rapports idiots toute la journée. Je me *rends compte* à quel point mon travail est futile – je n'écourterai pas la guerre d'une minute…

Mon Bill chéri, je suis si heureuse de ma bague – tu as fait une folie… Tu sais combien j'aime les diamants ! Je suis toujours en train de la regarder.

Je vais ce soir à une soirée dansante assez ennuyeuse avec Jock et Hazel ; je crois qu'ils y amèneront un autre garçon. Tu sais comment sont leurs amis : il aura sûrement une drôle de pomme d'Adam et le plus joli crâne chauve qu'on puisse imaginer ! C'est vraiment rosse de ma part, mais tu sais ce qui me fait dire ça, n'est-ce pas ?

Dis donc, chéri, en raison des fêtes de Pâques, j'ai congé dimanche et lundi ; j'irai naturellement à la maison. *Viens-y* toi aussi si tu peux, mais si tu es obligé de rester à Londres, je ferai un saut et nous passerons une bonne soirée ensemble.

(À propos, tante Marianne a dit que je t'amène dîner la prochaine fois que je viendrai, mais ce n'est pas pressé, pas vrai ?)

Voilà l'ours qui revient, je te quitte en hâte.

Avec tout l'amour et un baiser de

PAM

À notre avis, c'était parfait et répondait on ne peut mieux à notre attente.

Pour remplacer le père du commandant Martin, nous avons choisi un jeune officier mobilisé qui fit un vrai chef-d'œuvre. Il me semble qu'il était impossible *d'inventer* la lettre du 13 avril et son annexe, tant elles débordaient de l'emphase de l'ère victorienne. Il n'y avait qu'un père de l'ancien temps pour les avoir écrites. Qu'on en juge :

Hôtel du Lion Noir
Mold
Galles du Nord
Tél. N° 98

13 avril 1943

Mon cher William,

Je ne peux pas dire que cet hôtel soit aussi confortable qu'il l'était avant la guerre. Cependant, je n'avais pas le choix car je ne voulais pas m'imposer à ta tante, dont la demeure est devenue presque inhabitable pour un invité, tout au moins pour une personne de mon âge, étant donné son personnel réduit et son observance des restrictions de chauffage (tout en en admettant la nécessité en temps de guerre). J'ai l'intention de séjourner en ville les 20 et 21 avril et je compte bien que nous pourrons en profiter pour nous voir.

Je te remets sous ce pli la copie d'une lettre que j'ai écrite à Gwatkin, de la maison McKenna, au sujet de tes affaires. Tu verras que je l'ai invité à déjeuner au grill du Carlton (qui est toujours ouvert, me dit-on) à une heure moins le quart mercredi 21. Je serais heureux que tu t'arranges pour venir nous y retrouver. Toutefois, nous ne t'attendrons pas pour commencer ; aussi je compte que, si tu peux venir, tu auras soin d'être exact.

Ta cousine Priscilla m'a demandé de te transmettre ses amitiés. C'est maintenant une jeune fille raisonnable, mais je ne peux pas dire que son travail dans l'armée ait contribué à améliorer son genre. À cet égard, je crains qu'elle ne tienne de son père.

Ton père affectionné

Copie

Hôtel du Lion Noir
Mold
Galles du Nord
Tél. N° 98

M. F. A. S. Gwatkin,
McKenna & Co.,
14 Waterloo Place,
Londres, S.W. 1.

10 avril

Mon cher Gwatkin,

J'ai étudié avec soin votre récente lettre concernant la donation que j'ai l'intention de faire à l'occasion du mariage de William. Les stipulations de votre projet me semblent raisonnables, sauf en ce qui touche un point. Étant donné que, en l'occurrence, la famille de la femme n'apporte pas de contribution au contrat, je n'estime pas juste qu'on doive nécessairement assurer à cette dernière, sa vie durant, après la mort de William, un intérêt dans les fonds que je fournis. Je ne serais d'accord à cet égard qu'au cas où il y aurait des enfants de ce mariage.

En conséquence, je vous prie de modifier le projet d'acte afin de stipuler que, s'il y a des enfants, les revenus ne seront versés à la femme que jusqu'à son remariage éventuel, ou jusqu'à la majorité des enfants. Après quoi, seuls les enfants en seraient les bénéficiaires.

Je compte être à Londres pour deux jours les 20 et 21 avril. Je serais heureux si vous pouviez vous arranger pour déjeuner avec moi au grill du Carlton à une heure moins le quart mercredi 21. Si vous voulez bien apporter le nouveau projet, nous pourrons l'examiner ensuite. J'ai écrit à William et espère qu'il pourra être des nôtres.

Sincèrement vôtre.

(Signé) J. G. MARTIN.

Nous avons jeté notre dévolu sur l'hôtel du Lion Noir à Mold, non seulement parce qu'il avait une adresse si anglaise qu'il en émanait une impression de vérité, mais parce qu'elle s'accordait avec le lieu de naissance du commandant Martin à Cardiff.

J'espère que ses propriétaires nous pardonneront d'avoir pris et utilisé leur papier à lettres, et surtout d'avoir dénigré le confort dont cet hôtel a la renommée !

Enfin, j'avais un ami, associé de la firme McKenna & Co., qui compléta la mise en scène en écrivant la lettre ci-dessous sur le papier de la maison :

MCKENNA & Co.
Avoués
14 Waterloo Place
Londres, S.W. 1.
Notre référence : McL: EG.
Concernant vos affaires.

Commandant W. MARTIN,
Fusiliers marins,
Club naval et militaire,
94, Piccadilly,
Londres, W. 1.

19 avril 1943

Monsieur,

Nous vous remercions de votre lettre d'hier, nous retournant approuvé le projet de votre testament. Nous allons y insérer le legs de £ 50 en faveur de votre ordonnance, et notre collaborateur, M. Gwatkin, vous apportera l'acte définitif lors de votre rendez-vous du 21, afin que vous puissiez le signer.

L'inspecteur des contributions nous a demandé le détail de votre solde et de vos allocations pendant l'année 1941-1942 afin de pouvoir arrêter le montant des abattements qui vous sont applicables pour cet exercice. Nous ne trouvons pas trace de ces renseignements, et vous serions donc obligés de nous les faire parvenir.

Vos dévoués,

MCKENNA & CO

Quand nous avons lu tous ces documents ensemble, ils nous ont donné l'impression d'une personne réelle, d'une personne vivante, d'un homme qui existait vraiment. Tout bien considéré, on ne pouvait pas faire plus avec les quelques papiers qu'on peut s'attendre raisonnablement à trouver dans les poches de quelqu'un.

Cependant, nous avons pris quelques précautions avant de donner les lettres au commandant Martin. Je portai les papiers, à l'exception des lettres d'amour, dans mes poches pour leur donner l'aspect voulu. Mais c'était plus compliqué pour les lettres d'amour, dont l'une était sur du papier pelure.

Ces lettres, lues et relues, ne pouvaient être à l'état de neuf, mais il ne suffisait pas de les froisser, puis de les lisser ensuite, comme l'un de nous l'avait étourdiment proposé. Aucun polissage ne peut dissimuler le fait qu'un papier a été froissé et jamais Bill Martin n'aurait chiffonné ces fameuses lettres. M'appliquant à faire ce qu'il aurait fait lui-même, je les pliai et les repliai maintes fois et les frottai en outre sur mes vêtements pour leur donner la patine voulue.

VII

Préparatifs

Bien que n'ayant pas encore obtenu l'approbation finale pour l'exécution de l'opération, nous poursuivions d'arrache-pied nos préparatifs.

Après examen de la lettre de Sir Archibald Nye, les chefs d'État-major avaient donné une approbation de principe. Nous insistâmes pour être autorisés à passer à l'action.

À ce stade, il était fatal qu'il y eût conflit d'intérêts. Les chefs d'État-major répugnaient naturellement à accepter de laisser transmettre aux Allemands les renseignements contenus dans la lettre, car notre stratégie *pouvait* changer – si c'était arrivé, ce n'aurait pas été la première fois ! D'un autre côté, il *fallait* que nous fissions parvenir la lettre en Espagne au début de mai pour que l'opération portât ses fruits. Nous devions laisser le temps aux services d'espionnage allemands de recevoir les renseignements, de se convaincre de leur sincérité par toutes les vérifications qu'ils pourraient désirer faire, puis d'en « apprécier » la valeur et de communiquer leurs conclusions à l'État-major en campagne. Il faudrait alors à ce dernier le temps de prendre ses dispositions et d'envoyer ses forces vers les faux objectifs, et si nous voulions éviter qu'ils ne fortifient la Sicile, nous ne devions pas attendre jusqu'à ce que les fortifications soient terminées.

Les chefs d'État-major s'inclinèrent et donnèrent leur accord définitif, sous réserve d'en référer au Premier ministre, à qui l'affaire fut soumise par l'entremise du général Ismay.

Quand on dit au Premier ministre qu'on risquait d'attirer l'attention sur la Sicile, si l'opération tournait mal, il répondit (comme je l'ai rapporté plus haut) : « Je ne vois pas ce que cela peut faire. Le dernier des imbéciles *saurait* que la Sicile est visée. »

Il convenait de le prévenir que nos efforts seraient peut-être vains, car il était possible que le corps fût trouvé par un Espagnol ne coopérant pas avec les Allemands, et, dans ce cas, les papiers nous seraient retournés intacts. Le Premier ministre jugea que ce risque n'était pas grand non plus et conclut avec un large sourire : « Bah ! Qu'importe ! Nous ferons une nouvelle tentative. »

Nous étions donc parés, sous réserve de mettre le général Eisenhower au courant du plan. S'il avait eu une objection quelconque, ou si une modification s'était produite dans la stratégie avant l'immersion du corps, l'opération aurait été annulée dans les conditions que j'avais prévues au paragraphe 8 du « plan d'opérations » remis au lieutenant Jewell.

Entre-temps, nous devions entreprendre la partie la moins agréable de notre besogne, celle de préparer le corps pour sa mission.

Cette tâche nous répugnait profondément. En dépit des grands services que le cadavre, à nos yeux, pouvait rendre à son pays, cela nous choquait de troubler son repos.

En outre, nous éprouvions une réaction psychologique bizarre chaque fois que nous voyions le cadavre rigide et glacé. À ce moment, le commandant Martin était devenu pour nous une personne tout à fait réelle. Nous avions l'impression de le connaître comme s'il était notre meilleur ami. Après tout, il faut être bien intime pour lire les lettres d'amour d'un ami et celles, très personnelles, qu'il reçoit de son père. Nous en étions arrivés à avoir le sentiment que nous connaissions Bill Martin depuis sa tendre enfance et nous nous intéressions sincèrement et personnellement aux progrès de ses amours et à ses ennuis d'argent.

Dire que nous, qui l'avions créé, le connaissions comme un père connaît son fils, eût même été inexact. Nous le connaissions beaucoup mieux que la plupart des pères ne connaissent leurs enfants. Pour arriver à le créer, nous avions dû apprendre à connaître toutes ses pensées et ses réactions probables aux incidents qui pouvaient survenir dans sa vie.

Aussi n'aimions-nous pas la perspective d'aller voir le cadavre dans sa chambre froide ; pourtant George et moi dûmes lui faire au moins trois visites. D'abord, nous avons dû le déranger pour essayer de prendre une photo convenable et nous avons profité de l'occasion pour relever ses mesures et notamment sa pointure de chaussures.

Puis nous avons jugé prudent de lui faire une deuxième visite pour l'habiller afin qu'il soit tout prêt à partir, au cas où il y aurait eu, au dernier moment, quelque anicroche impossible à arranger rapidement. La précaution était justifiée car nous avions oublié un point.

J'ai employé l'expression « rigide et glacé », mais nous n'avions pas l'expérience de tout ce que cela signifiait. Nous nous étions doutés qu'il serait difficile d'habiller entièrement un cadavre, linge de dessous compris ; nous nous étions rendu compte de la situation lorsque nous avions pris les photos, et conclu que, bien que difficile, c'était possible. Mais nous avions oublié les chaussures !

Pour apprécier la difficulté à laquelle nous nous sommes heurtés, il vous faudrait essayer de mettre une paire de chaussures en maintenant votre cheville et votre pied absolument rigides, ce dernier restant à angle droit de la jambe. La chose est pratiquement impossible !

C'était un sale coup. Nous savions que congeler puis réchauffer un corps, et ensuite le congeler de nouveau est un moyen sûr de hâter le processus de décomposition quand, par la suite, on laisse le corps se décongeler définitivement. Si nous agissions ainsi, nous risquions fort de fausser à la base toutes les prévisions de Sir Bernard Spilsbury. Comment faire ?

Une solution nous vint brusquement à l'esprit. Nous avons pris un radiateur électrique et décongelé seulement les pieds et les chevilles ; puis, très vite bien qu'avec précaution, nous avons habillé complètement le corps et finalement l'avons replacé dans la chambre froide, en lui demandant sincèrement pardon en nous-mêmes de ce que nous faisions.

Notre troisième visite eut lieu le samedi 17 avril 1943, à 6 heures du matin, lorsque nous sommes venus chercher le commandant Martin pour l'emmener.

Tout d'abord, nous avons mis dans ses poches les lettres personnelles et le portefeuille avec ses papiers d'identité et autres. Puis nous avons ajouté le « fouillis » habituel qu'un homme porte toujours sur lui, ou rassemble involontairement dans ses poches. La liste finale était assez impressionnante :

Plaques d'identité (2) « Commandant Martin F.M. R/C. » ;
Croix d'argent sur chaîne d'argent autour du cou ;
Montre au poignet ;
Portefeuille contenant :
- Photographie de sa fiancée,
- Carnet de timbres (dont 2 utilisés),
- 2 lettres de sa fiancée,
- Plaque de Saint-Christophe,
- Invitation au Club du Cabaret,
- Laissez-passer E.-M. Opérations combinées (sous étui Cellophane),
- Carte d'identité de l'Amirauté (sous étui Cellophane),
- En-tête de lettre déchiré,
- 1 billet de banque de £ 5 – 5 mars 1942 227/C 45827,

3 billets de banque de £ 1 –
X 34 D 527008,
W 21 D 029293,
X 66 D 443119,
1 demi-couronne,
2 shillings,
2 pièces de six pence,
4 pennies,
Lettre de son père,
Lettre de son père à McKenna & Co., avoués,
Lettre de la Lloyds Bank,
Note (acquittée) du Club naval et militaire,
Facture (comptant) de Gieves Ltd.,
Facture pour bague de fiançailles,
2 tickets d'autobus,
2 contremarques du Théâtre du Prince de Galles, 22 avril 1943 ;
Boîte d'allumettes ;
Paquet de cigarettes ;
Trousseau de clefs ;
Bout de crayon ;
Lettre de McKenna & Co., avoués.

Je dois ouvrir ici une parenthèse pour expliquer la présence des « deux contremarques du Théâtre du Prince de Galles, 22 avril 1943 ».

Comme je l'ai dit, c'est le 17 avril que nous sommes allés chercher le commandant Martin, et il devait embarquer le 19. On devait l'immerger au large de Huelva vers le 29 ou 30 avril. Or, s'il avait voyagé par air, comme nous voulions le faire croire aux Allemands, le voyage n'aurait duré qu'un jour.

En réfléchissant à cette différence de temps, nous avons décidé de calculer l'horaire dans l'autre sens : en déduisant de la date d'arrivée à Huelva, vers le 30 avril, environ cinq ou six jours pendant lesquels le corps pouvait avoir dérivé vers les côtes après un accident d'avion en mer (nous avions calculé que le degré de décomposition, à ce moment, supporterait sans doute une immersion d'à peu près cette durée), cela signifiait que le commandant Martin avait quitté Londres vers le 24 avril.

C'est pour cette raison que la note du Club naval et militaire pour sa chambre portait la date du 24 avril.

George eut alors une nouvelle idée lumineuse. Son esprit ingénieux s'avisa qu'en voyant le talon d'un billet de théâtre, on en infère immédiatement que le billet a été utilisé. Rien ne nous empêchait d'acheter des billets de théâtre valables pour une date quelconque après le départ effectif du corps de Londres, puis de détacher les talons et détruire les billets.

Nous avons donc décidé que Bill Martin et Pam se seraient rencontrés pour se dire adieu avant son départ. Nous avons estimé que le spectacle de Sid Fields au Théâtre du Prince de Galles les aurait amusés et nous avons pris quatre places. Nous avons détaché les talons de deux billets que nous avons mis dans les poches du commandant Martin. Une fois de plus, un petit détail devait jouer son rôle dans la mystification, et cette idée de dernière heure fit son effet, alors que la note du club pour la chambre fut négligée par les Espagnols et les Allemands.

Enfin, nous avons ajouté la sacoche contenant les documents importants, contrairement aux dispositions indiquées au lieutenant Jewell.

Notre intention avait été d'emporter la sacoche jusqu'à la Clyde, en dehors du cylindre, et de la confier au lieutenant Jewell, mais, au dernier moment, nous avons constaté que la sacoche pouvait être mise avec le corps, dans le cylindre. Bien entendu, c'est ce que nous avons fait car cela nous mettait à l'abri d'un oubli au moment de l'immersion du corps à Huelva. Le lieutenant Jewell aurait une tâche difficile, surtout si la mer était mauvaise, et il aurait assez à faire tant à ce sujet que pour la sécurité de son navire. Il eût été vraiment dommage que le commandant Martin échouât sur le rivage pendant que sa sacoche serait restée dans le coffre-fort du lieutenant Jewell.

Quand nous eûmes terminé l'habillage, rempli toutes les poches et attaché la sacoche, nous enveloppâmes le corps dans une couverture pour éviter tout frottement pendant le voyage.

En arrivant, nous avions mis le cylindre debout et l'avions rempli avec de la neige carbonique. Une fois fondue, nous avons rempli à nouveau le coffre et attendu encore qu'elle fondît. Puis, nous avons soulevé le commandant Martin et avec respect et précaution l'avons introduit dans le cylindre. Nous avons alors ajouté de la neige carbonique tout autour de lui. Finalement, nous avons placé le couvercle et vissé les écrous. Le commandant Martin était prêt à partir à la guerre.

VIII

En route pour le nord

Notre groupe comprenait George et moi, ainsi que Jock Horsfall, le coureur automobile, en mission spéciale auprès du ministère de la Guerre, à qui nous avions emprunté une de ses camionnettes Ford 30-cwt, et, bien entendu, le commandant Martin dans son coffre.

Il s'en fallut de peu que le voyage se terminât presque avant d'avoir commencé car, lorsque nous sortîmes du congélateur pour aller à Londres chez George, nous aperçûmes devant le cinéma local une file de gens faisant la queue pour voir un film d'espionnage. La même idée nous vint à l'esprit : que penseraient ces gens si nous nous arrêtions pour leur dire : « Laissez donc là ce film ; nous avons une bien meilleure histoire à vous raconter… et la nôtre est vraie. Regardez un peu dans le coffre ! » Nous avons tous éclaté de rire, à tel point que Jock faillit percuter un pylône.

Nous sommes cependant arrivés sains et saufs à l'appartement de George. Là, nous avons préparé notre dîner nous-mêmes et mangé en nous remplaçant à tour de rôle pour veiller sur la camionnette restée au-dehors.

Si un voleur était parti avec le cylindre, il aurait eu une déception – et un choc – en l'ouvrant, mais sa déception n'aurait rien été auprès de la nôtre. Aussi avons-nous fait quelques sandwiches et rempli des bouteilles Thermos, car il nous parut dangereux de quitter la camionnette pendant notre voyage vers le nord.

Nos préparatifs terminés, en route pour Greenock, Jock et moi nous relayant pour conduire.

Le voyage fut long et pénible car nous ne pouvions utiliser naturellement que des phares voilés. À un moment donné, nous sommes entrés dans un enclos où heureusement il n'y avait que de l'herbe une fois franchie la bordure.

Le bruit des avions au-dessus de nos têtes ajoutait à nos soucis. En effet, le départ du *Seraph* était prévu pour le 19 et nous avions largement le temps d'arriver, même en tenant compte des détournements de trafic imposés par les dégâts causés par les bombardements. Mais le lieutenant Jewell nous avait demandé d'être là le 18 avant midi, au cas où il y aurait eu des difficultés au dernier moment pour embarquer le cylindre.

Somme toute, nous n'avons pas démoli la camionnette et, pour autant que je sache, il s'agissait d'avions amis ; aussi avons-nous poursuivi notre route dans la nuit, dormant à tour de rôle sur le plancher de la voiture.

Nous sommes arrivés à Greenock de bonne heure dans la matinée du 18 et sommes allés aux docks, où il était convenu que nous trouverions la vedette qui devait nous conduire au *Forth*, navire ravitailleur de sous-marins dont la base était au Holy Loch.

Là, nous avons eu une surprise désagréable. J'avais envisagé qu'il pourrait être difficile de descendre le cylindre dans la vedette ; aussi avais-je pris soin de préciser dans le message de la division navale des Renseignements annonçant notre venue, que j'aurais « un, je dis un » colis pesant plus de 185 kilos, et de demander de l'aide pour le mettre à bord. Malgré cette stipulation, on avait interprété que nos bagages pesaient *au total* 185 kilos en *plusieurs* colis. Résultat, nous nous sommes trouvés devant une vedette balancée par les vagues à plusieurs pieds en contrebas du quai et un unique marin pour représenter l'aide que nous avions demandée. Il était plein de bonne volonté, mais nous n'avions aucun cordage et il était nettement impossible de descendre le cylindre sans aller au-devant d'une catastrophe.

Estimant les ennuis et la perte de temps que représentait la recherche d'aide alors que j'étais étranger, je me précipitai au siège de l'État-major. Ma chance continuait : l'officier de garde se trouvait être une « Wren »[1] que j'avais connue dans les services des transmissions à Hull, lorsque j'étais à l'État-major de cette ville. Nous nous congratulâmes comme de vieux amis

1. *Wren* : Membre du Women's Royal Navy Service (Services féminins de la Marine royale).

et, toutes les difficultés ayant été rapidement aplanies, je retournai aux docks avec une demi-douzaine de matelots et des cordages pour descendre le cylindre.

On nous conduisit rapidement jusqu'au Forth, où je « transmis » le commandant Martin au lieutenant Jewell. Je lui remis aussi le canot pneumatique qu'il devait immerger en même temps que le corps.

Pour donner l'impression d'accident et de précipitation, le canot devait être mis à flot sens dessus dessous et on jugea préférable de n'y laisser qu'un des avirons démontables en aluminium. Je gardai donc l'autre, que j'ai toujours, comme souvenir. Toutefois, en fin de compte, le lancement du canot ne devait servir à rien. Un cadavre peut n'avoir aucune valeur pour un pêcheur espagnol, mais il n'en est certainement pas de même d'un canot pneumatique. Aussi n'avons-nous plus jamais eu de nouvelles du nôtre ! J'espère que celui qui l'a trouvé en a fait bon usage.

On nous avait prévenus que, si un hydravion Catalina sombre en mer, il est improbable que des débris échouent sur les côtes. Nous n'avons donc rien remis d'autre au lieutenant Jewell qui pût simuler une catastrophe.

Le cylindre fut dûment arrimé à bord du *Seraph* et j'eus un dernier entretien avec le lieutenant Jewell. Je lui suggérai d'immerger le corps en la présence des seuls officiers sur le pont. Si c'était faisable, cela réduirait le nombre des gens dans le secret et diminuerait les risques d'indiscrétions. Il était plus important que jamais de veiller à ce qu'il n'y ait pas de fuites car le récit de l'immersion d'un cadavre au large des côtes d'Espagne était de nature à faire jaser le plus discret des hommes.

S'il pouvait immerger le corps dans ces conditions, il lui fallait une « histoire de couverture » pour le reste de l'équipage qui aurait vu monter sur le pont, devant les côtes d'Espagne, un colis supposé à destination de Malte, lequel colis n'aurait ensuite jamais reparu.

Je lui proposai de dire que les prétendus instruments d'optique étaient, en réalité, une bouée météorologique secrète que les Espagnols enlèveraient s'ils apprenaient son existence.

Au cas où il serait obligé d'avoir l'équipage sur le pont pendant l'immersion, soit par suite du mauvais état de la mer, soit pour toute autre cause, il utiliserait la « couverture » indiquée dans les « ordres d'opérations » que je lui avais remis.

Tout ayant bien marché, nous avons pu, à notre retour à Londres, terminer notre rapport par : « Le 19 avril 1943, à 18 heures, heure d'été, le sous-marin *Seraph* a quitté Holy Loch. »

En songeant à la nature du chargement, il me sembla que ces noms[1] convenaient on ne peut mieux et faisaient bien augurer du succès de l'opération.

1. *Seraph :* Séraphin.
Holy Loch : Loch sacré.

IX

Lancement du corps

Vint alors la période d'anxiété. Je n'avais jamais été inquiet du succès de l'opération. Mais maintenant que son exécution ne dépendait plus de moi, je ne cessais de penser à ce qui pouvait aller de travers.

Chose curieuse, je ne craignais pas que les Allemands réussissent à éventer la supercherie. J'étais convaincu qu'ils n'y arriveraient pas. C'était l'immersion du corps qui, seule, me préoccupait. Pouvions-nous vraiment compter sur le fait que le corps irait s'échouer sur les côtes, ou devrais-je reconnaître, après tant d'efforts, que l'affaire était un fiasco complet ?

Dans mes pires moments, je me représentais le *Seraph* en difficulté au large de Huelva, où il n'était allé qu'à cause de mon plan.

Heureusement, mes autres tâches m'accaparaient et ne me laissaient pas grand temps pour me ronger et nous eûmes au moins une soirée très gaie pendant cette période.

Il eût été absurde de perdre les billets dont le commandant Martin avait les talons dans sa poche. Nous avions acheté quatre billets et nous avions eu soin de lui donner les souches des deux places du milieu.

George et moi avons donc invité « Pam » et « Jill », la jeune fille qui avait fait écrire les lettres d'amour, à la « soirée d'adieux du commandant Martin ». Nous avons commencé par le Théâtre du Prince de Galles, où le contrôleur nous a laissé entrer après avoir examiné la série de billets : nous lui avons expliqué que quelqu'un avait déchiré les talons des deux du milieu « pour nous faire une farce ». Nous ne lui avons pas dit que la farce visait les Allemands !

Après le théâtre, nous sommes allés souper au Gargoyle Club. On nous conduisit à une table de côté ; je proposai aux deux jeunes filles de prendre la banquette, plus confortable, tandis que nous aurions des chaises en face d'elles, mais Jill se tourna vers George et dit : « Bill et Pam sont fiancés ; on n'a jamais vu un couple moins amoureux. Dire que c'est la soirée d'adieux de Bill, et ils ne demandent même pas à s'asseoir l'un à côté de l'autre ! » En entendant cela, le couple de la table voisine se retourna et tendit l'oreille.

J'expliquai à Jill que, si Pam et moi étions fiancés, nous ne nous connaissions que depuis quelques jours… (signes de désapprobation des mariages de guerre à la table voisine) ; j'ajoutai négligemment que ça changerait quand Pam et moi nous connaîtrions mieux car mon patron avait dit (dans la lettre qu'elle avait vue[1]) que, malgré « mon air réservé et timide

1. Lettre de Lord Louis Mountbatten à l'amiral Cunningham.

au premier abord, je connaissais vraiment mon affaire » ! À ce moment, le couple témoigna d'une désapprobation encore plus grande et se leva pour aller danser...

Cette identification avec Bill Martin eut une autre conséquence cocasse.

Pam avait corsé la plaisanterie en me donnant un exemplaire agrandi de la photographie qui faisait route vers l'Espagne dans le portefeuille de Bill Martin avec la dédicace : « Jusqu'à ce que la mort nous sépare. Ta Pam affectionnée », inscription sans danger puisque « j'étais déjà mort ».

À cette époque, j'habitais chez ma mère et, pour voir sa réaction, je posai la photographie sur ma table de toilette. Je fus désappointé car elle ne dit rien. Environ un an plus tard, quand ma femme revint d'Amérique où elle avait rempli une mission pour nos services de coordination, je lui montrai la photographie. Je fus stupéfait de l'entendre dire : « Ah ! voilà donc pourquoi ta mère s'est mise à m'écrire dans ses lettres que je devrais bien revenir aussitôt que ma mission le permettrait ! »

Pendant qu'à Londres nous étions dans l'expectative, le *Seraph* voguait sans incident vers les côtes d'Espagne. Les premières nouvelles que nous reçûmes furent le message convenu nous informant, le 30 avril, que l'opération *Chair à Pâté* était terminée. Il fut suivi d'une lettre envoyée de Gibraltar par le lieutenant Jewell :

Très secret et personnel

De : Commandant du sous-marin Seraph.
Date : 30 avril 1943.
À : Directeur des Renseignements de la Marine.
Copie à : Ministère des Affaires étrangères.
(Pour : Lieutenant de vaisseau Hon. E.E.S. MONTAGU R.N.V.R.)[1]. Personnel

Opération *Chair à Pâté*

1. *Temps.* – Le vent était variable, orienté du sud-ouest au sud-est, force 2. Prévisions identiques à celles de la veille : brise de mer dans la matinée le long des côtes. Mer et houle : 2.0. Ciel couvert avec nuages très bas. Visibilité inégale 3 à 4 kilomètres. Baromètre 1016.

2. *Bateaux de pêche.* – Beaucoup de petits bateaux de pêche dans la baie. Le plus proche se trouvait sur la gauche à près de 2 kilomètres. On ne croit pas que le sous-marin ait été remarqué.

3. *Opération.* – Heure choisie : 4 h 30 parce que la plus près de la marée basse à Lisbonne (07 h 31) permettant au sous-marin d'en avoir terminé avant l'aube. Le cylindre a été ouvert à 4 h 15, le corps sorti. La couverture défaite ; le corps examiné. La sacoche était solidement fixée… La Mae West a été gonflée à bloc, on ne pouvait davantage. Le corps a été mis à l'eau à 4 h 30. Position 148° pilier de Portil, 1,3 mile [environ 1,5 km] de la côte. A commencé à dériver vers le rivage. Ceci

1. R.N.V.R. : Royal Navy Volunteer Reserve.

fut aidé par le remous des hélices tournant à plein régime. Le canot pneumatique a été mis à la mer gonflé, sens dessus dessous, à environ 800 mètres au sud de cette position.

Le sous-marin s'est alors éloigné vers le large, et le cylindre, rempli d'eau et contenant la couverture, les courroies et aussi l'emballage du canot, a été jeté par-dessus bord dans la position 36°37'30" N 07°18'00" W par 310 brasses [566 mètres] au sondeur. Le cylindre n'a pas plongé immédiatement, mais, après avoir été criblé par Vickers et revolver 455 à très faible distance, on l'a vu s'enfoncer.

Le message annonçant l'exécution de l'opération a été lancé à 7 h 15.

Ci-joint échantillon de l'eau près des côtes.

N. A. JEWELL,
Lieutenant de vaisseau

À cette lettre était jointe une description de l'état du corps. La décomposition était plus avancée que nous ne l'avions prévu (peut-être en raison de l'oxygène resté dans les vêtements et la couverture), mais pas plus que si le corps avait flotté à demi immergé dans l'océan pendant quelques jours.

Par la suite, j'eus un compte rendu plus détaillé par un membre de l'équipage ; je l'ai eu en seconde main et, comme mon intermédiaire était journaliste de profession, le tableau brossé par son récit était beaucoup plus frappant que ce que je pouvais rapporter. Je le donne donc tel que je l'ai reçu :

Tandis que le *Seraph* émergeait de l'ombre de son ravitailleur et glissait sur les eaux de la Clyde, le capitaine – il n'avait que 29 ans – salua de la tourelle, puis descendit.

Sur les cinq officiers et cinquante hommes à bord, il était le seul à connaître le secret de cet étrange colis.

Joyeux préliminaires

Le récipient métallique en forme de cylindre reposait alors dans une chambre à l'avant du sous-marin.

En raison de son poids et de sa forme, les six marins qui l'avaient mis en place plaisantaient à propos du « corps de John Brown ». Nombreuses furent les astuces concernant « Charlie, notre nouveau compagnon de bord ».

Aujourd'hui, dix ans après, ces cinquante ex-membres de l'équipage du *Seraph* auront un choc en apprenant à quel point ils étaient près de la vérité.

On leur avait dit, au moment du départ, que le récipient métallique contenait un dispositif météorologique secret à poser pour des essais au large des côtes d'Espagne. Il était effectivement marqué « Manipuler avec soin – Instruments d'optique ».

Pendant dix jours, le *Seraph* navigua sans que son équipage vît le soleil. Ne faisant surface que la nuit, il était au large de Huelva, sur la côte sud-ouest d'Espagne, sans avoir été repéré et, conformément aux prévisions, le 30 avril.

L'endroit choisi pour envoyer vers le rivage le commandant Martin se trouvait à environ 1 500 mètres de l'embouchure de Huelva.

Dans l'après-midi, le *Seraph* risqua une reconnaissance près des côtes. Le périscope révéla une flottille de pêche d'environ cinquante bateaux. Mais la brume et une déviation de 2 kilomètres environ aidèrent le sous-marin à éviter le repérage. Puis il replongea pour le reste de la journée.

Mystère

L'heure H était 4 h 30 du matin. Quand le *Seraph* fit de nouveau surface, il faisait noir comme dans un four. Pas de lune, marée basse, étale.

Les cinq officiers se rendirent dans la tourelle et le sous-marin fut amené au ras de l'eau.

Le mystérieux cylindre fut hissé sur le pont.

C'est seulement alors, tous les matelots étant en bas, que le lieutenant Jewell mit ses officiers dans le secret. Il leur dit que le cylindre devant eux contenait un cadavre. L'opération, ajouta-t-il, faisait partie d'un plan des Alliés pour tromper l'ennemi afin d'éloigner ses forces défensives de l'endroit choisi pour l'attaque principale en Méditerranée.

Le corps de cet homme, supposé être le « commandant Martin », victime d'un accident d'avion en mer, devait servir à transmettre à l'ennemi de faux plans d'invasion.

On avait choisi Huelva parce que l'agent allemand de cette ville était connu pour y avoir des collaborateurs locaux qui lui fournissaient d'abondants renseignements militaires.

Quelle histoire à entendre à brûle-pourpoint au milieu de la nuit, pendant que l'océan Atlantique vous lèche les bottes !...

Mais, si la révélation dramatique et macabre de leur capitaine causa un choc aux officiers subalternes, ils n'en laissèrent rien paraître.

La seule réaction fut le commentaire de l'un d'eux : « Est-ce que ça ne risque pas de porter malheur de transporter des cadavres ? »

Émotion

Puis, rapidement et en silence, les cinq se mirent à l'œuvre. Trois montèrent la garde tandis que le quatrième aida le lieutenant Jewell à dévisser les boulons au moyen de la clef fixée au cylindre. Il leur fallut dix minutes pour parvenir à enlever le couvercle.

On fit alors glisser doucement le corps, enveloppé de sa couverture, hors de son cercueil isolant. Un instant les officiers se figèrent au garde-à-vous en hommage silencieux à la mort.

De nouveau à genoux, le lieutenant Jewell détacha la couverture, qui tomba.

Suivit la dernière vérification. L'uniforme et les insignes du commandant étaient-ils intacts ? Sa main tenait-elle la bride de la très importante sacoche ? Celle-ci était-elle solidement attachée à sa ceinture par la courroie ?

Tout étant en règle, Jewell se pencha pour gonfler la Mae West du commandant.

Il ne restait plus qu'une chose, bien qu'elle ne fît pas partie des instructions. Tête nue, quatre jeunes officiers s'inclinèrent tandis que le capitaine, rassemblant ses souvenirs, murmurait de son mieux les prières des morts.

Pour eux, tenus au secret, ces mots du psaume 39 prenaient un sens particulier : « Je ne desserrerai pas les dents tant que l'impie sera devant mes yeux. J'ai tenu ma langue et n'ai pas parlé. Je me suis abstenu, oui, même de bonnes paroles, mais cela m'a causé peine et chagrin. »

Une faible poussée, et la marée emporta le guerrier inconnu vers la côte, pour son dernier et mémorable voyage. Le commandant Martin était parti pour la guerre.

Les risques courus par le lieutenant Jewell en allant si près des côtes nous assuraient toutes les chances possibles de succès. Nous n'avions plus qu'à attendre pour voir comment le commandant Martin s'acquitterait de *son* rôle.

X

Le commandant Martin débarque en Espagne

Le 3 mai, nous avons reçu un message de l'attaché naval à Madrid. Il avait été informé par le vice-consul à Huelva que le corps d'un commandant Martin, des fusiliers marins, avait été recueilli le 30 avril, près de la côte, par un pêcheur. Le cadavre avait été remis au vice-consul et inhumé le lendemain à midi avec les honneurs militaires, au cimetière de Huelva, où les autorités civiles et militaires espagnoles s'étaient fait représenter.

Aucune mention de la sacoche noire, ni de documents officiels quels qu'ils soient, dans le télégramme de l'attaché.

Suivit un échange de messages entre l'Amirauté et l'attaché naval. Si les documents avaient été ce qu'ils semblaient être, il est évident que, lorsque l'État-major des Opérations combinées aurait appris la mort du commandant Martin et la découverte de son corps en Espagne, on se serait aperçu qu'un document des plus secrets avait disparu. Un entretien avec Sir Archibald Nye aurait révélé toute l'étendue de la « fuite » désastreuse de renseignements stratégiques. En ce cas, des messages de plus en plus pressants auraient été envoyés à l'attaché naval, insistant pour qu'il s'efforçât de récupérer à tout prix les documents, mais en le prévenant d'avoir le plus grand soin de ne pas montrer une inquiétude exagérée, de crainte de donner l'éveil aux Espagnols quant à l'importance des documents, ce qui les aurait encouragés à les ouvrir ou à les « égarer ».

Nous devions agir comme si toute cette affaire était véridique, c'est donc dans cet esprit qu'on rédigea les messages.

Nous avons commencé le 4 mai par un télégramme disant que le commandant Martin portait sur lui certains documents, très secrets et importants et demandant à l'attaché de faire une réclamation en règle. S'il ne les recevait pas, il devrait faire des enquêtes approfondies, mais très discrètes, à Huelva pour savoir s'ils avaient été rejetés sur le rivage et dans l'affirmative ce qu'ils étaient devenus.

S'il récupérait les documents, il devrait envoyer un message au directeur des services de renseignements de la Marine – « Personnel » – indiquant les noms des destinataires : il ne devait pas ouvrir les enveloppes mais les lui retourner aussitôt que possible.

Un autre télégramme suivit, donnant des renseignements complémentaires : le messager transportait trois lettres de la plus haute importance, probablement contenues dans une sacoche officielle noire, marquée au sceau royal. Nous lui recommandions à nouveau de ne pas attirer l'attention des Espagnols sur ces documents.

En réponse au premier télégramme, l'attaché nous communiqua la suite donnée par le ministère de la Marine à une demande strictement officielle : les documents avaient été transmis par les « services de la Marine » et arriveraient à Madrid par le canal de l'État-major naval espagnol à Cadix. Cela demanderait quelques jours. L'attaché avait appris d'autre part que le vice-consul à Huelva n'avait pu voir ni la sacoche ni les documents.

Puis, le 13 mai, l'attaché nous fit savoir que le chef d'État-major naval espagnol, en l'absence du ministre de la Marine, absent, venait de lui remettre les effets du commandant Martin, ainsi qu'une sacoche noire, cette dernière ouverte, avec une clef dans la serrure.

Le chef d'État-major avait déclaré que « tout y était » et l'attaché naval l'avait remercié. Il avait eu l'impression très nette que le chef d'État-major naval savait quelque chose au sujet du contenu des lettres. Évidemment il ne fallait pas s'attendre à ce que ce dernier le laissât paraître. Pour nous, il va de soi que la bonne foi de cet officier n'était pas en cause mais si lui connaissait la teneur des documents, d'autres aussi étaient au courant.

Tout allait bien, les « fuites » commençaient.

Notre optimisme fut renforcé par le télégramme suivant de l'attaché. Le ministre de la Marine lui-même avait fait mention des papiers lorsqu'il avait rencontré l'attaché naval le samedi 15 mai. Il avait appris, paraît-il, étant à Valence, que les papiers étaient arrivés à Madrid, et il avait aussitôt donné ordre au chef d'État-major naval de les remettre immédiatement. Il avait agi ainsi de crainte que quelqu'un en prît connaissance abusivement, ce qui, dit-il, aurait pu être gros de conséquences.

Rien n'avait été dit au ministre de la Marine, avant son départ de Madrid, qui justifiât une telle anxiété concernant ces documents. Nous ne doutions donc nullement que les enveloppes avaient dû être ouvertes.

Dans ces conditions, nous étions certains qu'il y avait au moins *un* Espagnol « dans le secret » qui transmettrait les renseignements aux Allemands.

Nous ne devions savoir qu'après la fin de la guerre à quel point cette coopération était étroite.

Entre-temps de discrètes enquêtes à Huelva permirent de connaître en détail ce qui s'était passé. Nous avons appris de source tout à fait sûre qu'un pêcheur avait remarqué un objet flottant et avait fait appel à une chaloupe proche pour qu'elle le prît à bord. L'objet – c'est-à-dire le corps du commandant Martin – fut débarqué sur la plage la plus proche et remis à un officier qui s'y trouvait justement avec un détachement d'infanterie à l'entraînement.

On manda un officier de la police maritime qui prit en charge tous les documents et effets personnels. Après identification, le cadavre fut transporté à la morgue de Huelva aux fins d'examen médical par un docteur.

Celui-ci certifia que l'homme était tombé en mer encore vivant et ne portait aucune contusion, que la mort était due à l'asphyxie par submersion depuis cinq à huit jours. On demanda à un pilote de l'aviation américaine qui avait eu un accident en mer le 27 avril d'examiner le corps pour le cas où il le connaîtrait, mais sans résultat (bien entendu).

L'homme que nous savions être le principal agent allemand de la région avait vite eu vent de la découverte du corps. Il s'informa rapidement des détails, y compris le nom des destinataires des lettres de la sacoche, et essaya d'avoir des copies de tous les documents, mais sans succès car le hasard avait voulu que, la patrouille militaire étant sur les lieux pour se charger du corps, on avait appelé l'officier de la police maritime. Or ni l'agent allemand ni ses acolytes n'avaient avec ce fonctionnaire les relations voulues.

Nous étions convaincus que tout s'était très bien passé, mais nous désirions en avoir une preuve définitive, et nous attendions impatiemment le retour des documents emportés par le commandant Martin.

Ils arrivèrent à Londres peu après et furent soumis aussitôt à des épreuves scientifiques. Avant de les expédier, nous avions pris des dispositions (que je ne peux évidemment pas dévoiler) qui devaient nous aider à vérifier si les enveloppes avaient été ouvertes, et, bien que le séjour dans l'eau de mer ait rendu une certitude impossible, nous pouvions presque affirmer maintenant, d'après leur état, que les lettres – ou tout au moins deux d'entre elles – avaient été sorties des enveloppes malgré leurs cachets apparemment intacts.

Ces renseignements, joints à ceux que nous avions reçus de Huelva et de l'attaché naval, nous donnaient toute satisfaction. Il n'y avait pas de doute sur le fait que les Espagnols avaient manipulé les lettres et savaient ce qu'elles contenaient, et que les services d'espionnage allemands connaissaient l'importance des destinataires.

Nous pouvions donc nous en remettre à l'efficience des Allemands pour tirer tout le parti possible de la situation. Nous étions certains que notre confiance dans les ramifications espagnoles des services d'espionnage allemands n'était pas mal placée. C'était maintenant à Berlin de jouer son rôle.

En attendant, nous devions dire adieu au commandant Martin. Il avait bien servi sa patrie et il nous incombait de lui assurer une sépulture définitive convenable et de lui faire rendre les derniers devoirs, même si tout devait se faire sous un faux nom.

Nous avons été heureux de pouvoir lui témoigner nos égards sans aucun risque pour le succès de l'opération dans laquelle il avait joué un rôle si éminent. En effet, en faisant ce que nous dictait notre instinct, nous rendions plus difficile aux Allemands de vérifier le verdict du médecin espagnol qui nous donnait toute satisfaction. De fréquentes visites de la tombe par des officiers britanniques, ou leurs envoyés, devaient faire obstacle à une exhumation par les Allemands et les Espagnols avant la pose de la dalle funéraire.

Tout d'abord nous avons demandé à l'attaché naval de faire déposer sur la tombe une couronne de la part de Pam et de la famille. Puis nous avons pris des dispositions pour qu'une pierre tombale soit posée aussi vite que possible. Enfin j'ai écrit à l'attaché naval pour le prier de remercier le vice-consul de Huelva, de la part de la famille du commandant Martin, pour toute la peine qu'il s'était donnée et les égards dont il avait fait preuve. Je demandai aussi qu'on prît des photographies de la tombe qui seraient de précieuses reliques pour la famille du commandant Martin et la jeune fille à qui il s'était fiancé tout récemment.

La couronne fut faite avec des fleurs provenant des jardins d'une compagnie minière anglaise de Huelva. La dalle funéraire était en marbre blanc et portait l'inscription suivante :

William MARTIN,
29 mars 1907 – 24 avril 1943.
Fils bien-aimé de John Glyndwyr Martin
et de feue Antonia Martin,
de Cardiff (Pays de Galles).
DULCE ET DECORUM
EST PRO PATRIA MORI.
R.I.P.

Nous ne pouvions rien faire de plus, malgré notre dette considérable envers lui car bientôt des milliers de ses compatriotes et de leurs alliés américains auraient, grâce à lui, la vie sauve lorsqu'ils débarqueraient sur les côtes de Sicile.

Les autorités partageaient maintenant ma confiance à cet égard. J'avais envoyé un message au lieutenant Jewell pour lui faire savoir que sa contribution à l'opération avait eu un plein succès. Afin d'éviter des commentaires, je crus préférable de ne pas utiliser le télégraphe, et j'estimai que le lieutenant Jewell comprendrait ce que je voulais dire en lui écrivant, sur une carte postale ordinaire : « Vous serez heureux d'apprendre que le commandant est maintenant bien installé. »

Les chefs d'État-major firent mieux ; ils envoyèrent au Premier ministre, alors à Washington, un message forcément énigmatique : « *Chair à Pâté* toute avalée. »

XI

Expectative

Nous (et j'entends par là toute notre équipe du côté des Alliés) avions maintenant accompli la tâche qui nous incombait. Autrement dit, nous n'avions plus qu'à « tenir le coup » en nous défendant jusqu'au dernier round du match, le débarquement en Sicile, laissant aux Allemands, dans l'autre camp, le soin de marquer les points à notre place.

En conséquence, nous avons attendu sans bouger la suite des événements.

Peu après, nous nous sommes rappelé que le *Times* arrivait à Lisbonne par avion et que les Allemands étaient susceptibles de regarder les listes de décès publiées de temps à autre. Je recherchai donc le délai moyen qui s'écoulait entre un décès et l'annonce ultérieure dans les journaux. En règle générale, cela ne dépassait guère cinq semaines, ce qui, du 24 avril, menait à la première semaine de juin.

Fallait-il faire paraître le nom du commandant Martin dans une de ces listes ? Cela en valait-il la peine ?

Les débarquements en Sicile étaient projetés pour la deuxième semaine de juillet et il n'était pas sûr que les Allemands connussent le délai de parution d'un accident. Si la mystification les avait convaincus de prendre des dispositions quelconques, ils l'auraient fait avant la première semaine de juin et pourraient difficilement remédier à toute erreur, ou même entreprendre de le faire, avant que nous eussions débarqué. D'autre part, il était toujours possible que l'attaque de la Sicile fût retardée pour une raison imprévue.

Après avoir hésité, nous avons estimé qu'il pourrait être mauvais de ne pas insérer le nom. Mieux valait le faire que d'avoir des regrets plus tard.

Par la suite, pourtant, nous aurions préféré ne pas avoir ajouté cette fioriture à notre création, mais heureusement pour les seules complications qu'elle nous a causées. Quant à notre objectif de décevoir l'ennemi, tout alla pour le mieux. Notre chance phénoménale persistait.

Le service des pertes de l'Amirauté accéda obligeamment à la demande du directeur des Renseignements de la Marine d'inclure dans la prochaine liste, parmi les « tués », le nom du capitaine (faisant fonction de commandant) William Martin, des fusiliers marins. J'ai oublié l'explication que j'ai donnée à l'appui de cette demande singulière.

L'avis parut dans le numéro du *Times* daté vendredi 4 juin 1943. Nous ne saurons sans doute jamais si les Allemands ont repéré ce nom mais, dans l'affirmative, ils ont dû trouver dans la même liste les noms du vice-amiral P. J. Mack, D.S.O., et du capitaine

Sir T. L. Beevor, baronet, de la Marine royale. Les journaux avaient annoncé antérieurement que ces deux officiers avaient été tués, en même temps que d'autres dont on ne donnait pas les noms, dans un accident d'avion survenu en mer.

Quoi de plus plausible que le commandant Martin ait péri avec eux ? C'était pur hasard que l'annonce parût justement à ce moment-là. J'espère donc que les Allemands ont remarqué cette liste, car ce serait dommage que quelque chose d'aussi bien ficelé n'eût servi à rien !

Par contre, c'est alors que les ennuis commencèrent à Londres. Les listes de pertes étaient examinées par certains bureaux dont, Dieu merci, j'ignorais l'existence, et par d'autres que j'avais oubliés. Cela me donna une idée des difficultés que j'aurais eues sur une bien plus grande échelle si j'avais laissé passer par la distribution normale les messages échangés entre nous et l'attaché naval à Madrid.

La section navale des Testaments voulut savoir si le commandant Martin avait fait un testament et, si oui, où il était.

La Direction générale sanitaire voulait savoir si le commandant Martin avait été tué par l'ennemi, était décédé de blessures, mort en service actif, ou autrement, de façon à en tenir compte dans ses statistiques.

Heureusement, les précautions que j'avais prises pour m'assurer de la bonne fin de toutes enquêtes concernant le commandant Martin (ou l'un de ses documents) se révélèrent efficaces. J'eus connaissance de ces demandes assez tôt pour être en mesure de les empêcher de s'ébruiter, mais je devais régler la question avec les bureaux intéressés.

Je me creusais la cervelle pour trouver quoi répondre. Je ne pouvais évidemment pas renvoyer la section des Testaments à McKenna & Co., les avoués qui avaient écrit au commandant Martin au sujet de son testament avant son départ !

Comme on a raison de dire : « qui ment un jour, ment toujours ! » : j'en faisais l'expérience.

Je déclarai aux chefs de ces bureaux qu'ils n'avaient pas à s'inquiéter du commandant Martin, ni à tenir compte de lui, ni de sa mort. J'expliquai que c'était un agent spécial qui avait été chargé d'une importante mission après avoir reçu, comme couverture, un grade d'officier dans les fusiliers marins, avec l'autorisation du Premier Lord de l'Amirauté.

Après tout, ce récit était parfaitement exact en soi. J'ai seulement « omis » de dire qu'à ce moment-là l'homme était déjà mort !

Avec l'appui de la Direction navale des Renseignements, j'insistai auprès des intéressés sur la nécessité absolue de garder le secret et ils s'arrangèrent pour prendre les dispositions voulues dans leurs services respectifs.

Les risques les plus grands de « fuites » que nous eussions courus étaient passés.

J'ajouterai que, plusieurs années plus tard, après ma démobilisation, on continuait à collationner des listes, et je reçus soudain une convocation urgente des services de renseignements de la Marine. D'autres demandes du même ordre, concernant le commandant Martin, leur étaient parvenues et ils voulaient savoir comment je m'en étais tiré autrefois pour faire des réponses concordantes.

À l'exception de cet incident des listes de tués, l'opération *Chair à Pâté* n'était plus de notre ressort. Nous avions joué notre rôle ; le lieutenant Jewell et le commandant Martin avaient joué le leur.

Que faisaient les Allemands ?

XII

À vous de jouer, Messieurs les Allemands !

Pendant la fin de mai, en juin et en juillet 1943, nous n'avons rien eu d'autre pour étayer notre croyance dans le succès de notre machination que notre certitude de l'infiltration allemande en Espagne et de la crédulité des Allemands.

Nous étions sûrs d'avoir réussi à transmettre les documents aux Allemands. Ceci fait, l'ensemble des éléments était si complet et si convaincant que pas un service d'espionnage ne manquerait d'être convaincu qu'il avait remporté un succès sensationnel.

Nous imaginions les chefs des services allemands en train de se frotter les mains. Ils se rengorgeraient à la pensée que les soins et l'efficience avec lesquels ils avaient échafaudé leur organisation en Espagne et la liaison avec d'importants milieux officiels de ce pays – dont l'amiral Canaris[1] se glorifiait tout particulièrement – avaient enfin prouvé leur intérêt.

1. Chef des services de renseignements militaires et d'espionnage allemands.

Dans le passé, cette organisation avait dû procurer à Berlin beaucoup de renseignements concernant les mouvements de navires dans le détroit de Gibraltar, de même que des informations recueillies dans les îles Britanniques et en Amérique, – et transmises par Madrid – ce qui était normal de la part d'un service de ce genre.

D'autre part, il était clair qu'elle avait été fâcheusement en défaut avant l'invasion de l'Afrique du Nord. Autant que nous pouvions en juger, les Allemands ne s'y étaient pas attendus.

La fameuse organisation venait enfin de prendre sa revanche.

Pouvoir procurer à l'État-major la copie exacte d'une lettre d'un vice-chef d'État-major général au commandant d'une armée en campagne (et une lettre comme celle-là) dépassait les espoirs les plus insensés d'un officier d'espionnage expérimenté. C'était la réalisation des rêveries ambitieuses de son adolescence !

Des renseignements comme ceux que contenait la lettre, si l'État-major les utilisait avec efficience, pouvaient causer un désastre ou aboutir à infliger aux Alliés une défaite écrasante à un moment crucial de la guerre, et modifier ainsi l'histoire du monde entier.

C'est pour cette raison que j'ai refusé de prendre le moindre risque et que j'ai décidé d'utiliser ce plan pour communiquer uniquement de faux renseignements d'importance mineure par des documents échangés entre des officiers de grade moins élevé.

Si les lettres emportées par le commandant Martin avaient été de cette nature, non seulement les Allemands ne se seraient sans doute pas efforcés d'en avoir des copies, mais, s'ils l'avaient fait, ils n'en auraient probablement pas tenu compte dans leurs décisions stratégiques. Au contraire, ce que Sir Archibald Nye écrivait au général Alexander *devait* être vrai ; le vice-chef de l'État-major impérial *devait* connaître les plans des Alliés. *Lui* ne pouvait ni être l'objet d'un « plan de couverture » ni être mal informé.

Après avoir admis ces lettres comme authentiques, les services de renseignements allemands étaient obligés de marcher à fond, et aucun État-major général ayant reçu de tels renseignements avec l'imprimatur de ses services d'espionnage ne pouvait manquer de baser sa stratégie sur eux.

Nous n'avions donc qu'à attendre.

Le jour J de l'opération *Husky* arriva et l'offensive réussit.

La Sicile a la forme approximative d'un triangle reposant sur sa pointe. Les Alliés débarquèrent dans les premières heures de la matinée du 10 juillet de chaque côté de cette pointe et avancèrent rapidement sur les côtes du triangle en même temps qu'au centre.

Beaucoup d'éléments ajoutèrent à l'effet de surprise totale, tels que le mauvais temps et la phase de lune choisie, mais cela n'entama en rien la conviction de notre groupe d'avoir réussi l'opération *Chair à Pâté* et d'avoir apporté notre contribution.

Les rapports et documents qui arrivèrent petit à petit de Sicile confirmèrent notre manière de voir les choses.

Il en ressortait que les Allemands avaient interrompu leurs efforts pour préparer des défenses au sud de la Sicile (où les débarquements eurent lieu réellement) pour les porter vers l'angle ouest du triangle et le côté nord. Ils auraient constitué les points névralgiques si nous avions fait une attaque de diversion pendant une invasion de la Sardaigne, ou une attaque après la conquête de celle-ci.

Non seulement la plupart des défenses et des derniers champs de mines furent installés dans le nord de la Sicile, mais l'ensemble des fortifications de l'île fut moins important que nous ne nous y attendions, et étonnamment insuffisant dans le sud et dans l'est.

D'après les renseignements qu'on put recueillir, on jugea officiellement que nous avions remporté un succès.

L'amiral Cunningham résuma le point de vue des autorités sur toute l'opération dans cette phrase de son rapport : « Le plan de couverture très efficient et les itinéraires trompeurs de convois ont joué leur rôle dans la surprise obtenue. »

Nous ne devions savoir que plus tard à quel point le premier avait été prépondérant.

En effet, nous apprîmes seulement quelques mois après la victoire l'étendue et l'importance de notre succès.

Un beau matin, alors que je regardais pour la dernière fois les comptes-rendus de l'opération destinés aux futures générations (qui n'auraient pas le temps de les lire ou jugeraient qu'ils n'en valaient pas la peine...) dans mon bureau étouffant et mal ventilé de l'amirauté, tout en attendant impatiemment la date de la démobilisation de mon équipe, la sonnerie du téléphone retentit.

C'était le sous-directeur des Renseignements de la Marine. Il riait tellement que j'avais peine à saisir ce qu'il disait, mais je finis par comprendre qu'il me demandait de venir dans son bureau. Je m'y rendis donc. Tout en continuant à se tordre de rire, il poussa vers moi quelques documents sur sa table. Je les pris et les reconnus immédiatement en lisant les mots : *Lieber Grossadmiral* !

Les lettres de *Chair à Pâté*, ou tout au moins leur traduction allemande, avaient atterries là !

Le sous-directeur des Renseignements de la Marine m'expliqua alors la cause de son hilarité. Un officier était chargé de trier et traduire les archives navales allemandes qui avaient été prises à Tambach, en Allemagne. Il était venu le trouver ce matin-là, l'air très ennuyé, pour demander des instructions.

Dans le dossier qu'il examinait, il avait découvert « ces deux documents » ; l'un était la copie d'une lettre très secrète du vice-chef de l'État-major impérial au général Alexander et, dit-il, il semblait y avoir eu une terrible violation de secret en même temps que – sans doute – des infractions à toutes sortes de règlements. Normalement, il devait remettre les copies des lettres ayant un intérêt militaire à son collègue du ministère de la Guerre, mais cette affaire paraissait si « épineuse » et porteuse de possibles lourdes conséquences qu'il pensait que le directeur des services de renseignements de la Marine tiendrait à la prendre en main lui-même !

Reconnaissant les lettres, le sous-directeur avait rassuré l'officier.

On commença alors à rechercher les autres pièces concernant cette affaire et nous avons trouvé bientôt les preuves de la plénitude de notre succès sur les services d'espionnage allemands.

Comme nous l'avions supposé, ils avaient immédiatement compris l'importance des documents, – s'ils étaient authentiques – pour leur État-major, et ils s'étaient empressés de les transmettre.

Leurs agents à Madrid ont dû télégraphier à Berlin le contenu des documents et le récit de leur découverte au début de la première semaine de mai, car nous avons trouvé un rapport ultérieur se référant à un télégramme expédié par les services d'espionnage pour donner leur avis sur les intentions des Alliés en date du 9 mai, avant que les « documents originaux » ne parviennent à Berlin.

Quand les services d'espionnage allemands à Berlin ont reçu ces informations, ils ont manifestement réagi comme nous l'avions espéré et ont demandé des preuves de l'authenticité des documents, car le premier rapport écrit de Madrid a été suivi d'un second plus détaillé.

Ce dernier déclarait qu'ils allaient faire de nouvelles enquêtes ; mais le temps était compté. Berlin avait visiblement mesuré l'importance des renseignements et jugé que les détails donnés par Madrid étaient convaincants. Ils avaient vraiment marché à fond !

Le premier document important était un rapport de l'Espionnage joint à une traduction en allemand de la lettre de Sir Archibald Nye au général Alexander. Il était daté du 14 mai 1943 et portait le cachet des instructions relatives aux documents « très secrets » : « À communiquer personnellement. Ne pas enregistrer. »

Une mention précisait qu'il avait été communiqué au commandant en chef de l'État-major, l'amiral Doenitz, et, le 15 mai, son chef d'État-major l'avait annoté de ses initiales et d'une croix au crayon bleu indiquant que Doenitz devait le lire lui-même. Ce que fit ce dernier, qui barra la croix au crayon vert avec son « paraphe » personnel et le nombre 18, datant sa lecture à son retour à son quartier général après avoir rendu visite à Mussolini et Hitler.

Le document avait également été communiqué à deux autres officiers, et était rédigé comme tel :

> *Sujet* : Document ennemi capturé, concernant les opérations en Méditerranée.
>
> En annexes :
>
> a) Traduction de la lettre capturée, de l'État-major impérial au général Alexander.
>
> b) Rapport de l'État-major général (allemand).

Le contenu des autres documents capturés est sans importance. Un examen approfondi par 3 Skl. a établi ce qui suit :

1. L'authenticité des documents capturés est au-dessus de toute suspicion. La présomption qu'ils sont tombés intentionnellement entre nos mains – ce qui est peu probable – et la question de savoir si l'ennemi est au courant de notre capture des documents, ou seulement de leur perte en mer, sont toujours à l'étude. Il est possible que l'ennemi n'ait pas connaissance de la capture des documents.

Par contre, il est certain qu'il sait qu'ils ne sont pas arrivés à destination.

2. L'ennemi va-t-il maintenant modifier ses projets d'opérations ou en avancer l'exécution ? Cela semble improbable, mais c'est un point qui mérite une attention spéciale.

3. *Date des opérations.* – L'affaire est considérée comme urgente. Cependant il est encore temps, le 23 avril, d'informer le général Alexander, par courrier aérien, de la proposition du général Wilson d'utiliser la Sicile comme objectif de couverture pour l'attaque en Méditerranée orientale, et de lui demander de répondre immédiatement s'il se range à l'avis de Wilson, « car le temps presse ».

En ce cas, l'État-major impérial envisage de modifier les plans à la fois en Méditerranée orientale et en Méditerranée occidentale, ce qui est encore possible.

4. *Ordre des opérations.* – On présume que les deux opérations auront lieu simultanément, vu que la Sicile ne peut servir d'objectif de couverture pour les deux en même temps.

5. La zone de Tobrouk est un point de départ tout indiqué pour des opérations en Méditerranée orientale.

Alexandrie n'est pas en cause car, dans ce cas, il serait absurde de prendre la Sicile comme objectif de couverture.

6. Il ne ressort pas clairement si la duperie représentée par l'objectif de couverture concerne seulement la période précédant les opérations ou si, en fait, une attaque de couverture sera réalisée en même temps que l'opération réelle.

7. Il ne ressort pas clairement de la pièce jointe si les 5ᵉ et 56ᵉ divisions seulement seront débarquées en Méditerranée orientale (à Araxos et Kalamata). Cependant, seules ces deux divisions doivent recevoir des renforts en vue de leurs attaques. Il est possible, toutefois, que les troupes d'assaut et les objectifs se limitent à cela.

8. Il convient de souligner qu'il ressort de ce document que de grands préparatifs sont également en cours en Méditerranée orientale. Ceci est important, car nous avons reçu beaucoup moins de renseignements relatifs à des préparatifs dans cette zone (en raison de sa situation géographique) qu'il ne nous en est parvenu d'Algérie.

On est frappé tout d'abord par le fait que les services d'espionnage allemands se laissent aller à affirmer catégoriquement que « l'authenticité des documents capturés est au-dessus de toute suspicion ». Et bien qu'ils se couvrent en exprimant une réserve en disant qu'ils enquêtent sur la possibilité d'un « coup monté » et sur l'étendue de nos renseignements concernant le sort des documents, ils déclarent dès maintenant qu'il est peu probable qu'ils soient face à une machination.

Ils ont aussi jugé dès ce moment qu'il est improbable que nous changions nos plans ou avancions la date de l'offensive. Tous ceux qui ont l'expérience de la complexité que représentent les plans et le lancement d'opérations de grande envergure seront d'accord au moins avec cette façon de voir les choses.

La déclaration du paragraphe 5 montre une fois de plus à quel point il faut se mettre à la place de l'adversaire et essayer de se rendre compte des informations dont il dispose lorsqu'on monte une mystification de cette sorte.

Les Allemands disent que la Sicile est un objectif de couverture impossible pour une offensive de troupes ayant leur base à Alexandrie, probablement en raison de la distance qu'ils estiment trop grande. Si le document avait été lu par *notre* État-major, la réaction eût été toute différente. Il savait que la distance n'était pas un obstacle et que les troupes d'Alexandrie pouvaient être utilisées pour une attaque contre la Sicile, comme elles l'ont en fait été.

Il est inutile que j'examine en détail le reste du rapport, car je traiterai, dans le prochain chapitre, des conclusions tirées des documents par les États-majors exécutifs, mais cette pièce révèle le soin avec lequel ont été étudiés chaque mot et chaque implication de la lettre du vice-chef de l'État-major impérial.

Ce rapport fut suivi d'un autre, daté du 15 mai 1943, émanant des services d'espionnage allemands. En voici la teneur :

Sujet : Courrier officiel britannique rejeté à la côte près de Huelva.

Au cours d'un entretien, le 10 mai 1943, avec le fonctionnaire intéressé (un officier de l'État-major espagnol avec qui nous sommes en rapports depuis de nombreuses années), les points suivants ont été précisés :

1. Dans la main crispée du cadavre se trouvait une sacoche ordinaire qui contenait les documents ci-dessous :

   a) Un morceau de papier blanc ordinaire contenant des lettres adressées au général Alexander et à l'amiral Cunningham. Ce papier blanc ne portait aucune indication.
   Chacune des trois lettres était dans une enveloppe distincte, avec la suscription habituelle, et adressée personnellement au destinataire, scellée apparemment avec le cachet privé de l'expéditeur (anneau sigillaire).
   Les cachets étaient intacts. Les lettres elles-mêmes, que j'ai eues entre les mains dans leurs enveloppes recachetées, sont en bon état. Pour les reproduire, les Espagnols les avaient séchées à la chaleur artificielle, puis placées dans l'eau de mer pendant vingt-quatre heures, sans altérer sensiblement leur apparence.

   b) Dans la sacoche, il y avait également les épreuves de la brochure sur les opérations des commandos des Opérations combinées, mentionnées par Mountbatten dans sa lettre du 22 avril, ainsi que les photographies qui y figurent.

Les épreuves étaient en parfaite condition mais les photographies très abîmées.

2. Dans la poche de poitrine de son vêtement, le messager avait en outre un portefeuille avec des documents personnels, comprenant ses papiers militaires avec photographies (d'après ceux-ci, il s'agit du commandant Martin que mentionne la lettre de Mountbatten du 22 avril) ; une lettre au commandant Martin de sa fiancée et une de son père, et une note d'une boîte de nuit de Londres datée du 27 avril.

Le commandant Martin a donc quitté Londres le 28 avril, le jour même où l'avion s'est perdu en mer près de Huelva.

3. Le consul britannique assistait à la trouvaille et est parfaitement au courant. Comme il fallait s'y attendre, le consul britannique suggéra que les documents lui fussent remis, mais on refusa sous prétexte que tout ce qui était trouvé sur le corps, y compris les papiers, devait être donné aux autorités locales espagnoles.

Après photocopie, tous les documents ont été remis en leur état d'origine par l'État-major général espagnol ; ils donnent finalement l'impression, comme j'ai pu le voir moi-même, de n'avoir pas été ouverts. Ils seront retournés aujourd'hui aux Anglais par le canal du ministère des Affaires étrangères espagnol.

L'État-major général espagnol fait de nouvelles enquêtes concernant le sort du pilote de l'avion, probablement blessé dans l'accident, et son interrogatoire au sujet de tous autres passagers éventuels.

Pour notre équipe, ce document était passionnant ; il justifiait pleinement les soins que nous avions pris pour édifier la personnalité du commandant Martin afin que la « réalité » de cet officier entraînât la ratification de l'authenticité des papiers qu'il avait sur lui. Il révélait aussi combien le hasard contribue à donner de l'importance à certains détails et à en faire négliger d'autres.

Le rapport démontre également à quel point nous avions raison dans notre conviction, sur laquelle reposait toute l'opération, que les Allemands auraient communication de tout ce qui les intéressait, une fois les éléments mis entre les mains de l'État-major espagnol.

On voit tout d'abord que, comme je l'ai déjà dit, nous n'avions pas à nous soucier de si la fixation de la sacoche par une chaîne au commandant Martin pouvait mettre la puce à l'oreille des allemands, car les Espagnols leur ont seulement dit que sa main était crispée sur la sacoche. Ainsi l'imprécision des Espagnols nous servait tout comme leur coopération avec les Allemands !

Je ne m'explique pas la mention au paragraphe 1 *a*) d'un « morceau de papier blanc ordinaire » autour des enveloppes. Il doit s'agir soit d'une feuille qu'un Espagnol aura mise autour pour les préserver des taches, soit de quelque papier provenant des épreuves de la brochure des commandos et qui aura été déplacé ; en tout cas, nous n'avions pas enveloppé les plis.

En outre, les cachets étaient des cachets officiels avec les armoiries royales.

Ensuite, nous avons remarqué que les papiers du commandant Martin rangés dans le portefeuille avaient été sortis et examinés. Nous nous sommes félicités que les lettres de Pam et du père du commandant Martin aient été remarquées. Cet effort de fignolage s'avérait fructueux !

À noter également que la lettre de Lord Louis Mountbatten à l'amiral Cunningham a joué son rôle en établissant qui était le commandant Martin.

Mais ce rapport met en valeur l'une des plus grandes difficultés à vaincre lorsqu'on monte une machination. On est forcément limité à fournir les éléments de base, et obligé de laisser l'adversaire en tirer les déductions. C'est pourquoi on doit jauger à la fois l'efficacité et la finesse avec lesquelles ces éléments seront étudiés.

Notre opinion de la minutie des Allemands était à peu près exacte, mais nous avions surévalué leur efficience, car ils ont fait deux erreurs témoignant d'une extrême négligence, toutes les deux concernant les dates.

Comme on peut le voir en comparant les photographies de la lettre de Lord Louis Mountbatten à l'amiral Cunningham et la photocopie de la traduction allemande de cette pièce, les Allemands n'ont pas pris soin de relever exactement la date. La lettre était du 21 avril, mais les Allemands, soit en copiant, soit en traduisant, l'ont modifiée en 22 avril.

Il s'est trouvé que cela n'avait pas d'importance, mais l'autre erreur était beaucoup plus grave.

Le rapport se réfère à « une note d'une boîte de nuit de Londres, datée du 27 avril ».

Nous avons cru comprendre qu'on avait procédé à la légère à l'examen des talons des billets de théâtre.

L'invitation au Club du Cabaret, non seulement n'était pas une facture, mais encore n'était pas datée. Il ne pouvait s'agir de la note du 24 avril du Club naval et militaire pour la chambre ; cette note ne ressemblait pas à celle d'une boîte de nuit et même les Espagnols n'auraient certainement pas confondu un cercle avec une boîte de nuit !

Nous avons donc conclu que cette erreur était due à une inattention d'où naquit une confusion entre les talons des billets du Théâtre du Prince de Galles et l'invitation au Club du Cabaret. Cela n'avait pas eu de conséquence, mais aurait pu en avoir.

Le rapport estime, comme nous désirions le faire croire aux Allemands, que le commandant Martin est parti d'Angleterre en avion le lendemain de sa soirée d'adieux ; mais l'erreur de date aboutit à fixer ce départ comme ayant eu lieu « le matin du 28 avril, le jour même où l'avion s'est perdu en mer près de Huelva ».

Si les Allemands avaient songé à l'opinion du docteur espagnol – que leur agent à Huelva au moins devait connaître – quant à la date du décès et l'avaient rapprochée de cette date de départ, ils auraient pu avoir des soupçons. Le docteur espagnol avait, non sans raison, indiqué que la mort devait remonter à « plusieurs jours » avant la découverte du corps le 30 avril, suggérant comme délai le plus court environ cinq jours. Dans ces conditions, l'accident d'avion, cause présumée de la mort du commandant Martin, devait avoir eu lieu vers le 25 avril.

Je ne m'y connais pas assez en philosophie pour en tirer une conclusion. On peut arguer que nous avons eu simplement la chance que personne n'eût remarqué cette contradiction qui aurait fait découvrir d'emblée notre machination. J'espère qu'on ne me trouvera pas trop égotiste de ne pas l'admettre. Nous avions procuré aux Espagnols et aux Allemands tous les éléments leur permettant de tirer les conclusions que nous voulions. Il serait absurde, je suppose, d'affirmer que nous étions en droit de nous attendre à une coopération compétente et intelligente de la part de nos adversaires. Cependant je crois pouvoir dire que nous leur avions procuré les éléments qu'il fallait et qu'ils ont tiré les déductions voulues, même si ces dernières n'ont été obtenues que par l'annulation d'erreurs qui se sont compensées !

En tout cas, le rapport montre que les Allemands ont bien conclu que le commandant Martin avait dû voyager en avion et que l'accident s'était produit à une date compatible avec son départ et son état lors de son arrivée.

Le paragraphe suivant du rapport nous a également intéressés. Il prouvait que notre avis sur l'étroite coopération hispano-allemande à Huelva était entièrement justifié. Il relatait comment, lorsque l'intervention fortuite d'une unité militaire et d'un officier de la police maritime empêchèrent d'avoir communication immédiate des documents, les efforts du vice-consul britannique pour les récupérer avaient été contrecarrés « sous un prétexte ». Nous savions que nous pouvions « faire confiance » aux Espagnols !

Enfin, le rapport précisait que les enveloppes (où l'on avait remis les lettres) avaient été renvoyées avec les autres papiers seulement après examen par l'agent allemand. Que celui-ci eût cru que les lettres « donnaient l'impression de n'avoir pas été ouvertes » ne me surprend pas ; elles m'auraient donné la même impression si nous n'avions pas pris des précautions spéciales !

Ainsi, en ce qui concerne les services d'espionnage allemands eux-mêmes, nous avions gagné. La conclusion des chefs d'État-major à l'égard des Espagnols : « *Chair à Pâté* toute avalée » valait aussi pour eux. Les services d'espionnage avaient admis l'authenticité de toute l'affaire.

Cependant, comme je l'ai déjà dit, ce n'eût été qu'une victoire sans intérêt si l'État-major exécutif allemand n'avait pas adopté la même manière de voir et avait continué à porter tous ses efforts sur ses préparatifs contre une invasion de la Sicile. Mais lui aussi « avala tout ». Lui aussi marcha à fond !

XIII

Les mesures du Haut Commandement allemand

Les renseignements recueillis dans les archives navales allemandes prises à Tambach furent également instructifs quant aux réactions provoquées dans le Haut Commandement allemand par l'opération *Chair à Pâté*. Les résultats obtenus ont largement dépassé nos plus folles espérances.

De l'avis des Allemands, que feraient les Alliés après la chute de la Tunisie ? Nos suppositions, à l'origine, avaient été justes. Nous avions même sous-évalué les difficultés à surmonter.

Nous avons trouvé la copie d'un message du Haut Commandement allemand à son armée de Tunisie en février 1943. Il estimait que notre prochaine opération aurait lieu en Méditerranée et qu'elle serait dirigée contre l'une des grandes îles. Selon lui, l'ordre probable était : d'abord la Sicile, puis la Crète, ensuite la Corse et la Sardaigne. Donc, quand nous faisions nos plans à Londres, nous avions raison de penser que, dès le début, les Allemands mettraient la Sicile en tête des hypothèses.

Au fur et à mesure que nos préparatifs avanceraient en Méditerranée occidentale, ils se seraient évidemment rendu compte que nous ne pouvions pas avoir pour objectif une attaque de la Crète alors que la Sicile non conquise barrait la route.

Par ailleurs, le message disait aussi : « D'après des rapports reçus concernant les intentions de débarquement des Anglo-Américains, il est visible que l'ennemi s'emploie, sur une grande échelle, à nous tromper. »

L'avenir devait montrer que les Allemands avaient vu juste à cet égard. Mais je me demande si nous aurions jamais obtenu l'autorisation de lancer l'opération *Chair à Pâté* si nos chefs d'État-major avaient su à quel point les Boches étaient sur le qui-vive.

Les documents établissent que ces vues stratégiques ont persisté jusqu'au début de mai 1943. Puis le 9 mai tout changea. Les nouvelles de la découverte des documents du commandant Martin étaient parvenues entre les mains du Haut Commandement.

Un rapport du service d'espionnage a dû atteindre le Haut Commandement à cette date, car nous avons trouvé dans le dossier le rapport suivant, juste après celui du 14 mai mentionné au précédent chapitre :

> Suite à mon rapport 2144/43 en date du 9 mai 1943, après réception des pièces originales, on arrive aux conclusions suivantes :

1. Un débarquement d'une certaine envergure est envisagé en Méditerranée orientale et occidentale.
   a) L'objectif de l'opération en Méditerranée orientale, sous les ordres du général Wilson, est la côte près de Kalamata et la bande de côte au sud du cap Araxos (toutes deux sur la côte occidentale du Péloponnèse). La 56ᵉ division d'infanterie renforcée est désignée pour le débarquement à Kalamata et la 5ᵉ division d'infanterie renforcée pour le cap Araxos. On ignore si les deux divisions débarqueront en force ou seulement en partie. Dans le premier cas, un délai de deux à trois semaines au moins serait nécessaire car deux brigades de la 56ᵉ division ont pris part à un engagement à Enfidaville le 9 mai 1943 et la division doit se reformer avant de s'embarquer. Cette solution, qui entraîne un certain délai avant qu'un débarquement puisse avoir lieu, semble la plus probable d'après la rédaction de la lettre.
   Cependant, si le débarquement ne doit être effectué que par certaines unités des deux divisions, il peut avoir lieu à tout moment, car une brigade de la 56ᵉ division et une ou deux brigades de la 5ᵉ division sont sans doute déjà disponibles dans la zone de départ réelle (Égypte-Libye).
   Le nom de code pour le débarquement dans le Péloponnèse est *Husky*.
   L'État-major général anglo-américain a proposé au général Wilson une opération de couverture simultanée contre le Dodécanèse. La décision de Wilson à ce sujet n'était pas encore prise le 23 avril 1943.

b) L'objectif de l'opération sous les ordres du général Alexander en Méditerranée occidentale n'est pas indiqué. Une plaisanterie dans la lettre vise la Sardaigne. Le mot de code pour cette opération est *Brimstone*.
L'objectif de couverture proposé pour l'opération *Brimstone* est la Sicile.

2. Il est essentiel de veiller au secret le plus absolu de cette découverte et de limiter autant que possible la communication de ces renseignements.

Sur un point de détail, ce document me fit grand plaisir.

Je m'étais déjà félicité que l'agent allemand à Madrid eût pris la peine d'envoyer une copie de la lettre, apparemment sans importance, de Lord Louis Mountbatten à l'amiral Cunningham, contrairement à sa manière d'agir pour la lettre du général Eisenhower, qui était tout aussi insignifiante.

Était-ce en raison de l'allusion que nous pensions avoir fait un fiasco à Dieppe ?

En tout cas le paragraphe 1 *b*) de ce rapport montrait que mon jeu de mots, pas très fort, concernant les sardines avait fonctionné : « Une plaisanterie dans la lettre vise la Sardaigne. » Ce n'était pas dans la même lettre, mais c'est excusable dans un rapport de ce genre. Le sens de l'humour des Boches est un gros atout !

Les services d'espionnage allemands avaient gobé la mystification. Maintenant le Haut Commandement allemand les croyaient. Il se peut que ce soit à Hitler que nous le devions car nous savons, d'après le journal des conférences de l'amiral Doenitz avec le Führer, que, le 14 mai, Hitler était convaincu de l'authenticité des documents et de ce qu'ils prévoyaient. En effet, Doenitz avait été envoyé en Italie pour essayer de tirer avantage de Mussolini après les désastres qu'il a connus en Afrique du Nord, et allait rendre compte de son entretien à Hitler en revenant à son quartier général, avant qu'il ne voie les documents. En réponse à une question de Hitler vis à vis des idées de Mussolini sur les « intentions anglo-américaines », il avait déclaré que le Duce était convaincu que nous attaquerions la Sicile.

Voici comment il relate la réponse de Hitler :

> Le Führer n'est pas d'accord avec le Duce sur le fait que le point d'attaque le plus probable soit la Sicile. De plus, il croit que les ordres anglo-saxons découverts confirment la présomption que l'attaque projetée sera dirigée principalement contre la Sardaigne et le Péloponnèse.

Visiblement, Hitler était complètement entiché de l'idée que nous nous proposions de débarquer en Grèce et, étant arrivé à cette conclusion, il s'y tenait ferme. À tel point que, le 23 juillet, presque quinze jours après le débarquement en Sicile, Hitler croyait *toujours* que l'opération principale allait être l'invasion de la Grèce et confiait à Rommel, son général favori, le commandement des forces qui s'y rassemblaient.

Le 25 juillet, Rommel s'envolait vers la Grèce, d'où on dut le rappeler en hâte pour prendre en main le commandement en Italie et rallier les forces du pays après la chute de Mussolini.

Mais il serait injuste de trop incriminer Hitler. Le jour même où il s'était élevé contre l'opinion du Duce, le 14 mai, l'agenda officiel de guerre du Haut Commandement naval allemand relatait que l'État-major de l'armée était arrivé à une conclusion définitive : les documents étaient authentiques. Il estimait que l'offensive aurait lieu contre la Sardaigne, mais qu'il pourrait y avoir une attaque de diversion contre la Sicile.

Par conséquent, le 14 mai 1943, les États-majors exécutifs, le Commandement suprême et le Führer lui-même étaient convaincus : l'opération *Chair à Pâté* avait complètement réussi. Il nous restait à découvrir ce qu'il en était résulté par la suite pour les forces anglo-américaines.

Je ne connais pas en détail les dispositions que prirent l'armée allemande et la Luftwaffe, mais il est certain qu'elles furent considérables à en juger par l'ordre qui fit traverser l'Europe entière à la 1re Panzer Division allemande. Celle-ci partit de France pour aller établir son quartier général à *Tripolis*, ville du Péloponnèse dont la situation était idéale pour diriger la résistance contre des débarquements visant Kalamata et Araxos.

Quand on considère l'effort gigantesque que représente un tel voyage et ses conséquences, c'est-à-dire le retrait temporaire de la zone de combat d'une division blindée complète, on peut dire que cela seul aurait plus que compensé nos efforts dans l'opération *Chair à Pâté*, même si nous n'avions apporté aucune aide à l'invasion de la Sicile.

Nous avons trouvé également dans les archives allemandes une note indiquant qu'on avait demandé au ministère des Affaires étrangères d'Allemagne d'aviser le gouvernement turc que des troupes et des navires étaient transférés en Grèce et de souligner qu'il n'y avait aucune intention hostile contre la Turquie.

Cette précaution n'est pas surprenante quand on se rend compte de l'étendue des préparatifs allemands. Comme dit plus haut, je n'ai pas eu de détails sur les mouvements de l'armée et de la Luftwaffe, mais ils ont dû être très importants à en juger d'après les activités de la marine ennemie dont nous avons trouvé, naturellement, un tableau beaucoup plus détaillé dans ces documents.

Dès le 20 mai, le Haut Commandement allemand avait ordonné[1] la pose ou l'achèvement de trois nouveaux champs de mines allemands au large de la Grèce, dont un devant Kalamata même.

1. Annexe I.

L'amiral allemand commandant en mer Égée reçut l'ordre de reprendre sous son contrôle les champs de mines que les Italiens posaient au large de la côte occidentale de Grèce. Des batteries côtières défensives allemandes durent être installées dans les territoires sous contrôle italien.

Tout ceci ne constituait qu'une partie des mesures « envisagées ou déjà prises » à cette date car les Allemands avaient estimé que presque toutes les côtes de la Grèce, de même que les îles grecques, étaient menacées, tout en espérant que les attaques alliées pourraient être repoussées malgré la faiblesse allemande dans cette zone.

Ces instructions furent complétées par des ordres d'installer des bases navales de torpilleurs allemands, des postes de commandement, des services de patrouilles maritimes et autres dispositions protectrices. L'ensemble des efforts fut considérable.

La cote de *Chair à Pâté* montait et les documents démontraient de plus en plus tous les bénéfices retirés de cette seule opération. Ils indiquaient en effet que ces ordres étaient basés sur les lettres du commandant Martin (ce détail ne devait pas figurer sur les ordres d'opérations eux-mêmes pour des raisons de sécurité).

On en trouve une autre preuve dans la rédaction des ordres, où il est précisé qu'on a pu établir la probabilité d'un débarquement allié sur une grande échelle en Méditerranée orientale aussi bien qu'en Méditerranée occidentale, malgré le fait que « jusqu'ici nous n'avons reçu que de Méditerranée occidentale des témoignages sûrs concernant les préparatifs d'une grande quantité de bâtiments de débarquement ». On peut d'ailleurs retrouver la liaison entre la lettre *Chair à Pâté* et ces ordres en confrontant les documents.

Peu après, au début de juin, toute une formation de torpilleurs allemands fut envoyée de Sicile en mer Égée ! Notre cote montait vraiment vite !

Pendant ce temps, on bougeait aussi dans la zone orientale de la Méditerranée. Je ne puis mieux résumer la principale réaction qu'en citant un ordre envoyé le 14 juin, au nom de Hitler, par le général Keitel, commandant en chef du Commandement suprême des Forces armées allemandes.

Ces instructions[1] sont fondées sur la possibilité considérée par les allemands que l'utilisation de la Sicile comme objectif de couverture poux l'offensive contre la Sardaigne pourrait impliquer une attaque de diversion sur cette île. Les Allemands interprétèrent de la même façon notre utilisation du Dodécanèse comme objectif de couverture pour l'opération en Méditerranée orientale : voir Annexe I et le rapport du 14 mai.

L'influence de ce facteur sur l'esprit de l'État-major allemand se voit également dans le choix des mesures défensives allemandes que nous avons trouvées en Sicile, comme on l'a vu plus haut.

1. Annexe II.

Nous avons aussi trouvé la preuve qu'une grosse unité de panzers avec ses services auxiliaires et son ravitaillement pour deux mois a été envoyée en Corse en juin, conformément à un ordre lancé par Hitler lui-même. À partir de cette époque, on ne cessa d'intensifier de plus en plus les renforts en Sardaigne et en Corse, tandis que la priorité était donnée ensuite à la côte nord de la Sicile.

Le 9 juillet, veille du jour où nous avons débarqué en Sicile, Keitel envoya un long rapport qu'il dit être de Doenitz. Ce document traitait non seulement de la Méditerranée orientale et occidentale, mais encore de la future stratégie alliée basée sur les opérations dans ces deux zones. Il conclut qu'une attaque sur les trois îles, Corse, Sardaigne et Sicile (soit en même temps, soit l'une après l'autre), ainsi que l'opération en Grèce sont des possibilités.

Doenitz estime qu'il y a assez de troupes alliées dans toute l'Afrique du Nord pour suffire aux deux opérations, puis pour s'occuper de la tête de pont que les Alliés peuvent parvenir à établir en Grèce.

À son avis, un débarquement important sur les côtes d'Italie (après la conquête des îles italiennes) est improbable, car les Allemands pourraient réagir rapidement en Italie tandis qu'en Grèce leurs renforts et ravitaillement seraient forcément lents à assurer.

De Grèce, les Alliés pourraient attaquer les champs de pétrole roumains et l'effet politique d'une telle opération sur la Hongrie, de même que sur la Roumanie, pourrait être considérable.

Finalement, la conclusion de Doenitz, transmise par Keitel, est que « les forces offensives occidentales semblent prêtes à une attaque immédiate » qui peut commencer à tout moment (comme il voyait juste !) tandis que « les forces orientales semblent en être encore au stade de rassemblement ». Comme il se trompait : elles prirent part effectivement à l'invasion de la Sicile !

Au début de la matinée du 10 juillet, nos forces débarquaient en Sicile, mais les Allemands ne pouvaient pas encore croire qu'il s'agissait de l'offensive réelle (et que les documents n'étaient qu'une mystification). Le Haut Commandement allemand demanda aux agents allemands d'exercer une surveillance spéciale sur les côtes du détroit de Gibraltar pour repérer les convois qui iraient attaquer la Corse et la Sardaigne. Sans doute croyait-il encore que les débarquements en Sicile (bien qu'ils eussent eu lieu sur le côté de l'île où il ne s'y attendait pas) constituaient une manœuvre de diversion pour détourner l'attention de l'opération principale.

Mais, le 12 juillet, la foi allemande dans l'exactitude des documents *Chair à Pâté* avait commencé à faiblir. Après tout, il était évident que l'invasion de la Sicile était authentique et se poursuivait depuis deux jours !

Nous avons trouvé deux messages échangés entre le commandant en chef naval allemand en Italie et le Haut Commandement naval.

Dans le premier, le commandant en chef se plaint amèrement que le départ du 1er groupe de torpilleurs (envoyé en mer Égée pour la défense de la Grèce) a compromis la défense de la Sicile car il a provoqué une brèche dans les patrouilles qui, de ce fait, ont été inefficaces. Il déclare que l'insuffisance de petits bâtiments est « chronique » et que le départ d'autres bateaux, conformément aux ordres reçus, aurait une grave répercussion sur les travaux défensifs et les escortes.

La réponse communiquée implique que d'après plusieurs reconnaissances, les Alliés ont engagé tant de forces en Sicile qu'il y a peu de probabilités de débarquements en Grèce avant la fin des opérations en Sicile. La défense de la Grèce peut venir en second « pour le moment » (*Chair à Pâté* continuait-elle à influencer le Haut Commandement et Hitler ?) et l'ordre d'envoyer sept bâtiments de la onzième flottille de torpilleurs à destination de la mer Égée est annulé. Ces bateaux peuvent rester sous les ordres du commandant en chef en Italie.

Les répercussions immédiates de l'opération *Chair à Pâté* étaient donc terminées, sauf peut-être en ce qui concerne les forces allemandes toujours cantonnées dans l'inaction en Grèce. L'étude qui a été faite des résultats obtenus peut se résumer comme suit :

En ce qui concerne l'exécution de l'« opération » : nous avons trompé les Espagnols qui collaboraient avec les Allemands. Nous avons trompé les services d'espionnage allemands tant en Espagne qu'à Berlin. Nous avons trompé l'État-major exécutif allemand et le

Commandement suprême. Nous avons trompé Keitel. Enfin nous avons trompé Hitler lui-même et avons continué à le tromper jusqu'à la fin de juillet.

En ce qui concerne la Méditerranée orientale : nous avons mis sur pied des efforts considérables pour la défense de la Grèce, l'installation de champs de mines, de batteries côtières, etc. Nous avons provoqué une concentration de troupes en Grèce, qui a amené Hitler à mettre Rommel à leur tête. Ces troupes comprenaient une Panzer Division qui a dû traverser l'Europe. Tous ces efforts ont été complètement perdus pour les Allemands et ont diminué le potentiel de défense de la Sicile et de l'Italie.

En ce qui concerne la Méditerranée occidentale : nous avons provoqué l'intensification des fortifications et le renforcement de la Corse et de la Sardaigne, aux dépens de la Sicile. Nous avons provoqué le détournement des préparatifs de défense en Sicile des côtes effectivement attaquées par les Alliés vers des côtes où ils n'ont pas débarqué. Nous avons provoqué l'envoi de torpilleurs par les Allemands de la Sicile vers la mer Égée, ouvrant ainsi, dans leur système défensif, une brèche qui « a compromis la défense de la Sicile » et entraîné, en même temps, l'insuffisance de navires d'escorte.

On peut trouver trace de tout ce qui précède dans les documents contemporains, et je crois pouvoir revendiquer à juste titre que les bénéfices de l'« opération » ont été réellement considérables, beaucoup plus grands que nous ne l'avions espéré dans nos moments les plus optimistes. Il incombe à d'autres d'établir combien de vies anglaises et américaines ont été sauvées par *l'homme qui n'existait pas* pendant la conquête de la Sicile, et l'influence de son exploit sur le cours de la guerre.

CONCLUSION

Plutôt que de conclure sur une note quelque peu emphatique, que l'on doit pourtant à mon avis à la mémoire de celui qui a existé réellement et qui est devenu le « commandant Martin, des fusiliers marins », j'aimerais ajouter un détail qui mettra ma participation personnelle à l'opération en perspective.

Avec ce que nous savions déjà du succès de l'opération *Chair à Pâté*, on me décerna la « O.B.E. »[1] militaire. En épinglant la médaille sur mon uniforme, Sa Majesté me demanda où je l'avais obtenue. Je répondis : « À l'Amirauté, *Sir.* » Je vis alors ses sourcils se relever en signe d'étonnement. Il me posa une nouvelle question : « Pourquoi l'avez-vous eue ? » Pris à l'improviste, je pus seulement articuler : « Partie des plans de l'opération *Husky*, *Sir.* »

Ma réponse spontanée me fit réaliser à quel point tout se tenait et me fis mesurer la réalité des faits : l'opération *Chair à Pâté*, si poignante et si prestigieuse qu'elle fût, n'était qu'un partie des plans d'une plus grande opération.

1. O.B.E. : Order of the British Empire.

ANNEXE I

Copie
1er ÉTAT-MAJOR NAVAL (allemand) 1 Ops. 1942/43,
a1
ULTRA-SECRET
(État-major seulement)
20 mai 1943.

D'un message télétype (expédié) à :
Commandement suprême des Forces armées,
État-major exécutif des Forces armées.
Copie à : Commandement du groupe naval-Sud ; Commandant en chef des Forces aériennes allemandes ; État-major des Forces aériennes allemandes (navales) 1a, Capitaine Mossel, Commandement suprême de l'Armée, officier de liaison navale auprès de l'État-major général de l'Armée, Capitaine Weygoldt.
Transmis en message collectif.
Ultra-secret pour État-major seulement.

L'État-major naval de guerre a étudié attentivement les possibilités d'opérations de débarquement de l'ennemi dans la zone Sud-Est et est arrivé aux conclusions suivantes :

1. (i) On doit tenir compte de la possibilité de débarquements ennemis en Méditerranée occidentale aussi bien qu'en Méditerranée orientale, bien que l'on n'ait reçu jusqu'ici que de Méditerranée occidentale des témoignages sûrs concernant les préparatifs d'une grande quantité de bâtiments de débarquement.

(ii) Points exposés à des opérations de débarquement :

a) Zone d'Arta-Pyrgos : golfe d'Arta, golfe de Patras, côte sud du cap Araxos et des deux côtés de Pyrgos, et aussi les îles au large de ces zones, spécialement Corfou et Céphalonie.

b) Côte sud du Péloponnèse : Navarino, golfe de Koròni (Kalamata) et golfe de Marathon.

c) Crète : Plutôt la côte nord, sur la côte sud la baie de Messara et Ierápetra, mais seulement avec des forces restreintes.

d) Rhodes.

e) Les îles de la mer Égée : Leros, Milos, Chios, Mytilène et Lemnos.

f) Côte est du Péloponnèse et Grèce centrale : golfe de Nauplie, golfe de Petalis (côte est de l'Attique).

g) Salonique : golfe de Salonique, golfe d'Orphani.

h) Thrace : golfe de Cavalla et la côte à l'est de Thasos.

(iii) On peut présumer que l'ennemi se lancera probablement dans un débarquement initial dans la région où il pense trouver la moindre résistance et où il espère obtenir les meilleurs résultats dans le temps le plus court. En conséquence, un débarquement initial en Crète peut être éliminé pour le moment. Étant donné l'état avancé du développement et de l'équipement de la forteresse de Crète, il faudrait une dépense très considérable de forces et, comme condition préalable, des opérations subsidiaires pour s'assurer des aérodromes dans le Dodécanèse et le Péloponnèse près de la zone des opérations. En outre, la conquête de la Crète ne représenterait qu'un accomplissement partiel de ses buts.
Une offensive au-delà de la Crète dans la mer Égée, l'occupation des îles les plus importantes et une tentative de débarquement sur la côte est du Péloponnèse et la Grèce centrale, sont, de même, improbables.
Une tentative d'offensive immédiate dans la zone de Salonique et la Thrace n'a pas à être envisagée. Pour de telles opérations, l'ennemi aurait besoin de forces très importantes pour protéger ses voies de ravitaillement. Des pertes considérables seraient inévitables tant que les forces aériennes et navales légères (sous-marins) de l'Allemagne peuvent opérer depuis la Crète.

(iv) De l'avis de l'État-major de guerre naval, il est très probable que des tentatives de débarquement auront lieu dans la zone des côtes occidentales de Grèce, où la région de Corfou-Arta-Pyrgos offre les plus grandes chances de succès.
Possibilités : une attaque depuis le nord vers Larissa-Volos, coupant la Grèce centrale du Péloponnèse. Au centre, une poussée en direction de la Grèce centrale et l'Attique. Au sud, une offensive vers l'isthme de Corinthe. Les îles au large de cette côte (notamment Corfou et Céphalonie) pourraient devenir, entre les mains de l'ennemi, des bases très utiles. On attire spécialement l'attention sur l'importance exceptionnelle de ces îles.
Des débarquements subsidiaires simultanés sont probables à Navarino (pour des forces navales en action, bon port pour la protection des débarquements et du ravitaillement), Kalamata (aérodrome) et peut-être aussi le golfe de Marathon. Attaque subsidiaire par Tripolis vers Corinthe. Simultanément, ou peu de temps avant, une opération de diversion contre le Dodécanèse (Rhodes) est à prévoir.

2. L'ensemble des défenses dans les zones les plus en danger est encore faible. Néanmoins, de l'avis de l'État-major naval de guerre, il doit être possible de

repousser les tentatives de débarquement de l'ennemi s'il attaque avec des forces limitées. D'après les renseignements de l'État-major général de l'Armée transmis à l'État-major naval de guerre, l'ennemi n'a actuellement que quelques divisions disponibles en Méditerranée orientale. De plus, la capacité de transport dont il dispose ne peut suffire que pour ces forces.

Toutes mesures doivent donc être prises pour renforcer rapidement les défenses des zones particulièrement menacées. La construction d'une ligne secondaire de défense à l'arrière (environ zone Grèce du Nord-Salonique) ne doit être envisagée qu'après l'achèvement de l'autre.

3. Les mesures immédiates ci-après sont envisagées ou ont déjà été prises par l'État-major naval de guerre :
   (i) Pose de champs de mines allemands : devant Kalamata en cours d'achèvement, détroit de Cerigo terminée, détroit de Cerigotto en préparation. Le commandement du groupe sud (amiral commandant en mer Égée) usera de son influence pour la pose de mines par les Italiens sur les côtes ouest de Grèce.
   (ii) Installation de batteries côtières, également dans la zone occupée par les Italiens. (L'accord du Commandant suprême des Forces armées a été demandé.)

(iii) Le Pirée et Salonique sont envisagés comme bases principales des forces navales et sont, ou seront, ravitaillés de façon appropriée. Milos, Leros et Lemnos, comme bases auxiliaires, ne recevront qu'un ravitaillement restreint pour les forces navales.

(iv) La possibilité d'installer des bases d'opérations pour les sous-marins dans le Péloponnèse et en Crète est à l'étude.

(v) Discussion préliminaire avec le commandant en chef des Forces aériennes allemandes du Sud-Est concernant un programme de reconnaissances et d'offensive par les forces aériennes allemandes dès que l'imminence des opérations ennemies aura été établie (attaques aériennes contre la flotte de débarquement partout où ce sera possible avant qu'elle quitte sa base de départ et minage de ces ports par avions).

(vi) Préparation d'un service de patrouilles avec des bâtiments de défense côtière à l'ouest, au sud et à l'est de la Crète.

(vii) Préparation d'un poste de commandement pour l'amiral commandant en mer Égée à Salonique, afin d'assurer une direction permanente au cas où il deviendrait nécessaire de déplacer le quartier général.

ANNEXE II

ÉTAT-MAJOR NAVAL DE GUERRE 1 17 189/43

ULTRA-SECRET

DISTRIBUTION :
Copie N° 1. Chef d'État-major naval de guerre.
2. État-major naval de guerre.
3. 1a.
4. 1 ops.
5. 1 m.
6. État-major naval de guerre qu A.
7. État-major naval de guerre qu A.
8. 1 f.
9. 1 b.
Dossier 13.
Télétype MBBZ 02175 du 16 juin 1943 23.34.
Très urgent GWASL 02633 14.6 2130.

Au Commandement suprême de la Marine, État-major naval de guerre.
Également pour : État-major général de l'Armée, Inspecteur général des troupes blindées, Commandement suprême de la Marine (État-major naval de guerre, Commandant en chef Sud, État-major central, Section outre-mer).

ULTRA-SECRET

(A) Le Führer a donné les ordres suivants pour le renforcement de la Sardaigne et de la Sicile :

(1) Dispositions à prendre par l'État-major de l'Armée :

(i) Chaque île devra être pourvue d'un régiment d'infanterie de forteresse à l'échelon d'un état-major de régiment avec une section d'état-major et quatre bataillons. Utiliser si nécessaire trois bataillons de marche du contingent envoyé en juin en Italie.

À cet égard, le Führer a insisté spécialement sur la nécessité d'être fortement équipé localement avec les armes adéquates contre une attaque des blindés et de l'infanterie. Dans ce but, on peut même avoir recours aux canons français antichars de 25 et de 37. Les régiments doivent être prêts à partir le 28 juin 1943. S'il n'est pas possible d'obtenir tous les canons antichars nécessaires pour la Sicile d'ici cette date, le reste devra être envoyé avant le 20 juillet au plus tard.

(ii) La Sardaigne doit être pourvue d'une division d'artillerie de forteresse pour la défense côtière.

ÉQUIPEMENT : 2 batteries de canons de 17.
1 batterie de canons de 10.

(Ces derniers peuvent être obtenus du commandant en chef Sud.)
Être prêt à partir le plus tôt possible.

(iii) Le détachement de Sardaigne doit être muni d'une compagnie antichar avec douze canons antichars pour chaque régiment.
Chaque compagnie d'infanterie portée du détachement de Sicile doit être équipée de deux canons antichars. Si des canons antichars lourds ou moyens ne sont pas immédiatement disponibles, avoir recours aux canons antichars légers lançant des chapelets de grenades. Les compagnies antichars devront toutefois être équipées de canons antichars lourds et moyens.

(iv) L'effectif de la compagnie blindée de Sardaigne devra être porté à une division blindée avec au moins cinquante tanks (dont au moins 25 Mark IV) en fournissant les unités et armements nécessaires.
Se tenir prêt à partir aussitôt que possible.

(v) Mise sur pied d'une compagnie blindée de 20 tanks Mark IV pour la 215e division blindée de Sicile. (Cette compagnie à transférer pour remplacer la compagnie Tiger, qui a été envoyée à la division Hermann Goering.)
Être prêt à partir le 15 juillet 1943.

(vi) Plusieurs détachements de transmissions pour renforcer la compagnie de transmissions du commandement de Sardaigne.

(2) Le Commandement suprême de la Marine doit former une division d'artillerie côtière avec trois batteries nouvellement créées, et les transférer au commandant en chef Sud pour l'expédition en Sicile sur demande.

(3) Les autres besoins du commandant en chef Sud doivent avoir priorité moindre, sauf contre-ordre.

(B) (1) L'État-major général de l'Armée rendra compte au Commandement suprême des Forces armées (État-major des Forces armées) de :

(i) L'équipement proposé pour les régiments de forteresses en canons antichars (indiquer calibre) et autres armes lourdes (y compris matériel lance-grenades).

(ii) La répartition détaillée des canons antichars suivant calibre dans les autres unités nouvellement créées, et les renforts nécessaires.

(iii) Les dates auxquelles les renforts individuels seront prêts à partir (rendre compte également à l'État-major central (Section outre-mer).

(2) Le Commandement suprême des Forces armées rendra compte à l'État-major des Forces armées et à l'État-major central (Section outrer-mer)

quand les divisions d'artillerie côtière seront prêtes à partir.

(3) L'État-major central (Section outre-mer) sera responsable du passage rapide de ces renforts.

(Signé) KEITEL,
Commandement suprême des Forces armées,
État-major des Forces armées.
Op. N° 002820. Ultra-secret.

Table des matières

PRÉFACE 7

NOTE DE L'AUTEUR 17

I. Naissance d'une idée 19

II. Enquêtes préliminaires 29

III. Opération *Chair à Pâté* 35

IV. Le document capital 45

V. « Commandant Martin, des fusiliers marins » 61

VI. La création d'une personnalité 79

VII. Préparatifs 95

VIII. En route pour le nord 105

IX. Lancement du corps 111

X. Le commandant Martin débarque en Espagne 121

XI. Expectative 129

XII. À vous de jouer,
Messieurs les Allemands ! 135

XIII. Les mesures du Haut
Commandement allemand 153

CONCLUSION 167

ANNEXE I 169

ANNEXE II 175